解释的工具

生活中的经济学原理

熊秉元 著

東方出版社

图书在版编目（CIP）数据

解释的工具：生活中的经济学原理 / 熊秉元 著. —北京：东方出版社，2013.8

ISBN 978-7-5060-6773-7

Ⅰ.①解…　Ⅱ.①熊…　Ⅲ.①经济学　Ⅳ.①F0

中国版本图书馆 CIP 数据核字（2013）第 191783 号

解释的工具：生活中的经济学原理
(JIESHI DE GONGJU SHENGHUOZHONG DE JINGJIXUE YUANLI)

作　　者：熊秉元
责任编辑：黄晓玉　张军平
出　　版：东方出版社
发　　行：人民东方出版传媒有限公司
地　　址：北京市东城区朝阳门内大街 166 号
邮政编码：100706
印　　刷：北京次渠印刷包装有限公司
版　　次：2014 年 4 月第 1 版
印　　次：2014 年 4 月第 1 次印刷
印　　数：1—8 000 册
开　　本：880 毫米×1230 毫米　1/32
印　　张：9.25
字　　数：199 千字
书　　号：ISBN 978-7-5060-6773-7
定　　价：45.00 元
发行电话：（010）65210056　65210060　65210062　65210063

推荐序

经济学的用场

天则经济研究所　茅于轼

熊秉元教授是台湾地区家喻户晓的经济学家。他这本《解释的工具：生活中的经济学原理》的书名，和我过去写的《生活中的经济学》有点相似。但认真阅读后就会发现，两者内容绝然不同。我的那本书是经济学的入门书，而熊教授的这本书主要是用经济学原理作进一步思考用的，是写给一般读者，也就是像我这样的人看的。从头到尾看完这本书，我的收获极大。

经济学的直接用场，是讨论一个社会如何有效地创造财富。这里涉及到人和人的关系。人和人的关系可是一门大学问。它涉及政治、社会、心理、道德等几乎一切社会科学领域。所以有人把经济学的向外扩张称为经济学帝国主义。熊教授的这本书可说是一个很好的例子。书中讨论了家庭、宗教、政治、人生、谋略、道德等看似和财富生产无关的话题，而且讨论是通过一个个小故事展开的，所以副书名叫"生活中的经济学原理"。但从书中我们却可以看到，如何认识和分析我们司空见惯的事物，特别是如何用科学的逻辑思维来认识世界。这一点正是我们东方人相对于西方人而言，最缺乏、最需要补充的东西。

中国人早在五四运动时就提出了"民主"和"科学"两个口号，可是后来近一百年的历史，我们却片面追求民主，把科学给忘了，搞出了一个不科学的“大民主”，差点把中华民族拖进了绝境。熊教授的这本书不但讲经济学，而且特别讲了思维的逻辑化。在我看来，这是我们今天最需要的东西了。

读到最后一章，你会感叹：作者真是一位运用逻辑和独立思考的大师，这对当前大陆的知识分子实在是太重要了。我问过不少人，你在初中学几何学对你有什么帮助？大部分人都回答说一点用处都没有。其实，几何学也许真的没有用，也许用了而不自觉。学它的目的并不是培养一个测量师，而是懂得如何用逻辑方法去思考问题，避免上当受骗。古今中外，有多少骗术大师，利用人们缺乏逻辑思维能力的弱点，制造了一场又一场的灾难。

本书在一开始就讨论“经济人”的假定。最近这些年，这方面的讨论并不少见。那么，人究竟是不是一台计算自己利益最大化的计算机？在经济活动中，人，可以说就是一台计算利益的计算机，总是按照自己利益最大化的方式行事。特别在买卖的讨价还价中，在找工作中，在投资选择中，等等。

但是人还有另外一方面。人是有情绪的，会发脾气的，这时候完全不是计算机了。历史上许多可歌可泣、威武雄壮的重大事件都不是计较利益的结果。凯恩斯就不认为人是被利益控制的，而是被人的观念所控制。他说：“不论早晚，不论好坏，危险的东西不是既得利益，而是思想。”利益和观念有时候是一致的，但更多的时候并不一致，甚至相反。绝大部分的战争都对双方造成损害，如果大家都算计利害关系，大多数战争就不应该发生。但事实是，战争经常发生，而且是构成历史的主要部分。

不要说跟个人利益绝然对立的战争不应该发生，像“文革”

这样的事，如果大家都计较利益，也绝不会发生。但是事实上它发生了。原因是大多数人被错误的思想所误导。等到幡然觉悟，国家已经走到了崩溃的边缘。所以除了人是“经济人”之外，也应该承认人也是非理性的感情人。

如果人的行为到处都是“理性自利”（但也许更重要的是“不损人”），世界会更富裕（也更乏味）。由理性自利的人构成的社会能够使财富的生产最大化。这倒是确切无疑的。现在中国还有很多穷人，世界上还有许多穷国，他们都迫切希望致富。如果能够采用市场经济和法治途径，去保护理性自利的经济人，确实是一条捷径。说到底，这就是经济学的用场。

2014 年 3 月 18 日

自序

何处是起点?

走在西湖旁，优美的湖光山色和旁边的画梁雕栋、亭台楼阁，融为一体。然而，不远的天际线，尽是限制楼高的二三十层大厦。两相对照，可以有诸多联想。其中之一，是古老文明里，并没有发展出现代生活所需的物质条件，以及提供这些物质条件的相关知识。清末知识分子的“师夷之长技以制夷”，现在看来令人掩卷沉思!

1842年和1858年，第一次和第二次鸦片战争之后，清政府和英法先后签订了《南京条约》、《天津条约》；开启了一连串丧权辱邦条约的先河，也预告了几千年的世袭制度即将崩溃。而后，是甲午之战、八国联军，一再地割地赔款。终于，1911辛亥年武昌起义成功，推翻了帝制；1912年，号称亚洲第一个民主共和国就此诞生，名为中华民国。然而，对抗帝制的权益结构，和治国所需要的权益结构，毕竟大不相同。紧接着的，就是复辟闹剧、军阀割据、北伐，不久就是七七事变。八年对日抗战，过程倍极艰辛，军民死伤以百万计，财物损失更是不可胜数。

终于，日本投降，大地回春。可是，由辛亥革命到对日抗战，一直勉强执政的国民党政府，已经不堪负荷。胜利后的内战，国民党兵败如山倒；新中国于1949年成立，名为中华人民共和国。然而，对抗国民党的权益结构，和治国所需要的权益结构，也当然大有区别。紧接着的，就是大跃进、人民公社、“文化大革命”。民众辗转于沟壑，饿死冻死者甚多，社会秩序几乎瓦解。终于，1978 年邓小平复出，确立改革开放的路线。政治稳定之后，经济快速成长。这和国民党退守台湾之后，痛定思痛、生聚教训，经济快速发展，可以说是先后辉映，几乎是异曲同工。

这么看来，中华文明的近代史，是令人掩卷叹息的沧桑史，也可以说是一个古老文明自我洗涤净化的过程。以跑接力赛为譬喻，国民党等于是跑第一棒，推翻满清和正面对日抗战；而后，共产党接着跑第二棒，阵痛之后重建社会秩序和复兴图强。古老的文明，经过长时间的挣扎，终于挣脱几千年帝制的包袱，逐渐迈向现代的文明法治社会。由 1842 年到 1912 年，再到 1949 年和 1978 年，几乎是一个半世纪！

然而，回头看，若不是有外国势力侵华，强迫打开古老文明的大门，很难想象这个悠久的文明，如何才赶得上其他社会的步伐！不过，在列强大敌压境，百般欺凌之下，华人社会毕竟人多势众，勉强站住脚跟，还慢慢地站了起来。问题是，古老文明的过去、现在和未来，该如何来面对？解答古老文明自处的第一步，其实就是先了解自己。

东西文化交流之后，当代自然科学和社会科学的知识，已经唾手可得。对于社会现象，社会科学提供了解释的工具；而在社会科学里，经济学又是最根本的，有点像是万能钥匙一般。这本书里，介绍了经济分析的核心概念，并且运用到其他领域，包括社会政治和法律等。书中的材料，或许提供了一个起点，可以试着了解这个古老的文明！

目录 Contents

无处不经济

第一篇

生活中的经济学概念

第一章

经济学的基石

林觉民新婚不久，娇妻初孕。他却放下家小爱妻，追求一个他所愿意为之生为之死的目标，这种舍小家而为大家的行为，其中有没有利己的成分？他算不算是一个理性自利的经济人呢？

在看报纸书籍的时候，经常会看到“英国人很冷漠”、“日本人很有礼貌”之类的描述。或者，在交谈时，常会听到“吃亏就是占便宜”、“小不忍则乱大谋”之类的提醒。这些描述和提醒，其实都隐含了许多直接和间接的信息。

这些信息和自然科学没有直接的关系，却是社会科学所关注的焦点，因为它们都和人的行为或社会现象有关。不过，虽然自然科学和社会科学关心的主题不同，但两者也有相通之处；既然是科学，就表示是遵循一定的方法来研究和分析。比如，在化学这门学科里，分析的基本单位是各种元素；在物理学里，分析的基本单位是原子分子等等。

在社会科学，特别是经济学里，分析的基本单位是“人”。具体而言，是一个个有血有肉的人。而且，一群人的行为汇集之后，就构成市场活动、家庭生活、政府国家等等社会现象。因此，要分析经济活动和一般的社会现象，最好先确定分析的基础。一栋房子的基本单位是一块块的砖，组成社会现象的基本单位是一个个的“人”。所以，在建筑高楼大厦或一般房舍之前，总要先了解砖块的基本性质：重量、长宽高、硬度、色泽等等。同样的，要分析人的行为和各种社会现象，总要先对人的基本性质有所了解和掌握。

在这一章里，我将先界定人的基本特质，然后说明这些基本特质的意义。

各式人等

对于万物之灵的人，各个学科当然都有各自的解读。在心理学家的眼里，人是由许多动机所组成，当面对外在的刺激时，人会根据各种动机而有所因应。在生理学家的眼中，人是由一些骨骼和各种肌肉所拼凑而成，一旦有外来的刺激，某些肌腱和骨骼就会有所反应。

因此，对不同的学科而言，“人”有着各种不同的含义。就经济学者而言，则是由两个简单的特性来刻画人：“理性”和“自利”。不过，用两个不起眼的特性，就想简化复杂无比的人，似乎太头脑简单了一些。确实如此！因为，既然人有诸多复杂的心理、生理结构，经济学对人的描述（或认定）自然显得粗糙。不过，由理性和自利这两点出发，经济学者确实可以对人的行为和社会现象提出许多有趣而且有说服力的分析。当然，经济学者也不否认，由生理学家、心理学家和其他相关学科学者的研究里，经济学（者）还是希望可以不断地汲取养分，能更精致有效地运用理性、自利这两个概念。

和“人是理性、自利的”这种观点相比，当然有比较复杂、也似乎比较有说服力的描述。譬如，“有的人是理性、自利的，而另外一些人是既不理性又不自利”，就是另外一种立场；还有，“人有时候是理性、自利的，有时候又不理性、自利”，也理直气壮。不过，这些其他的描述马上又引出一连串的问题：哪些人是理性、自利的，而哪些人又是不理性、不自利的？对照之下，经济学者采取的是简单明确的立场：人的理性、自利，是表示绝大多数的人、在绝大多数的情况下，都是理性、自利的。

在下面的叙述里，我会举很多事例来说明：有些看起来不是理性、自利的行为，只要略加思索，其实都还是可以由人的这两种特质得到解释。

为何理性、自利?

以理性和自利来描述人，相信很多人都会觉得不可思议。(可是，我曾教过许许多多的学生，包括已届中年的高级行政主管，在课程结束许久之后，他们还会告诉我：在诸多材料里，还是理性、自利这两个观念最有用!）然而，为什么人会理性、自利呢？

如果我们想得稍微久远一点，人最初只是一堆血肉。经过长期的演化，才成为今天的模样。当人只是一堆血肉（或变形虫）的时候，最要紧的事，不是看电视玩音响，而是求得温饱和安全。如果不能趋吉避凶，早就被淘汰掉了。(想一想，如果世世代代的飞蛾都是有火就扑，早就不会有飞蛾矣！）因此，和环境互动的过程里，那一堆血肉最早形成的特性就是“自利”——设法存活自己、做对自己有利的事。

当时间拉长，血肉之躯和环境里的条件有长期的互动时，就会慢慢地摸索出一些经验法则：看到火要避开，看到比自己大的生物要小心一点。渐渐地，这些法则形成一套因果关系；而理性，就是能掌握这些因果关系。换言之，理性就是能了解事物的因果关系，并且运用这种智能。

根据这种推论，似乎不只是人有理性和自利这种特质，其他许多生物也都是理性、自利的。的确，只要是生物，为求自保和繁衍，都会有自利的特质。至于理性，显然有程度上的区分；人是理性程度最高的，灵长类的人猿、哺乳类的海豚，都有相当的思维能力。即使是狗，都有相当的理性——否则，为什么狗儿不会对陌生人摇尾巴，而只会对自己的主人如此！

下面这个故事，就反映了人的理性，其实是经过漫长的过程才慢慢雕琢而成的。

照我的形象造神

前几天放春假，我找了个天朗气清的下午，带儿子坐地铁到淡水去玩。

在海边晃荡一阵之后，我们在市区里漫无目的地走着，最后发现置身在远近驰名的淡水祖师庙。庙里香火鼎盛，善男信女不断。

当我们坐在庙前的藤椅上休息时，刚好看到一个中年男子由台阶拾级而上。他两手各提了一大袋的水果，历经风霜的脸上有点茫然，但又透露出下定决心后的坚毅。不知道他为什么而困惑：是事业，还是家庭？是子女考试，还是疾病或搬迁？

我目视他走进庙里，消失在人群中。可是，我可以想象他接下来将做的事：先到旁边的洗手台上洗好水果，再买些香烛，然后虔诚地在神明前奉上香果，祈福、问卜、再掷筊杯……也许，几十分钟之后，他会带着如释重负的表情，拾级而下。

一旦让思绪飘扬，我对中年男子的一切感到更为好奇。

在他的生活里，当然要面对各种大大小小的问题。对于那些简单的、明确的、不那么重要或困难的问题，他可以自己决定；可是，对于另外那少数复杂的、模糊的、既重要又困难的问题，他可能会求助于神祇。因此，他等于是用两套“规则”，分别处理不同的问题。

属于人的这一部分规则，自然是由他成长的过程里，慢慢累积出来的经验和智慧：看到红灯要停下，看到长辈要打招呼；烂掉的西瓜不能吃，下水道里的水不能喝；对亲人可以随便一些，对陌生人要小心应对。这些规则并没有什么大道理，人情世故而已；可是，显然都和趋吉避凶有关。

有关神祇的这一部分，要复杂有趣得多。虽然神祇看不到也摸不着，可是在善男信女的心目中，神祇规则的脉络却也明确可循：善有善报、恶有恶报；救赎自己、宽恕别人；多作施予、累积福德。和一般社会的尺度相比，神祇的规则要崇高圣洁许多。

日常生活里的诡诈虚矫，被宽容真诚所取代；一般交往上的小利小害，被大善大爱所包容。凡夫俗子之间比较少有的高贵情操，正是神祇的规则所揭示和强调的。

不过，虽然神祇的规则和俗世的规则不同，但两者之间的差别并不大；而且，神祇规则所隐含的教义，是像镜子般地反映了人世间的种种。譬如，凡人虽然有手足之情，但总有龃龉；神祇的教诲却是要放下彼此间隙、水乳交融，而不是以牙还牙、以眼还眼。还有，凡人会忌恨嫉妒，神祇的开示则是要超越升华，而不是蓄积发酵。

因此，神祇的规则，其实是由人间的规则所衍生。在粗糙原始和良莠不齐的基础上，提炼出比较精致和深厚的结晶；希望这些结晶能发挥作用，净化和提升原来混沌庞杂的尺度。当然，在某些最核心的成分上，也许神祇的世界不能以常情常理来检验；不过，即使如此，在相当的程度上，神祇的世界确实是俗世的翻版或扩充。

事实上，除了两类规则上的相似或交集，对于两类规则之间的运用和选择，最后还是由平凡脆弱的人来取舍。即使是最虔诚的信徒，大概也不会在过马路前先求神问卜一番；同样的，把命运放在自己手上的人，只不过是选择不运用（依赖）神祇的规则，而由自己承担福祸而已。因此，当那位中年人提着水果走向祖师庙时，他可能在心情上已经翻搅过无数次；当人世间的规则不足恃时，他决定要走向神祇。

当然，在某种意义上，那位中年人是幸福的；借着有意无意的选择，他卸下了身上的重担，而虔诚地托付给他所信赖仰仗的神祇。

不过，不知道对众多的神祇而言，会不会也有疑惑不解的时刻？

这个故事告诉我们，人的理性程度其实比一般人所体会到的要大得多。人不只会考虑买菜洗衣，人还会有意无意地安排：有些事由自己作决定，有些事交给其他人或位阶更高的神祇来作决定！

何谓理性、自利？

如果要给理性和自利一个定义，该怎么下呢？在经济学者的眼里，“理性”指的是，人是能思索、会思索的生物；而“自利”则是指，人总是会设法追求自己的福祉。

能思索和会思索，并不表示不会犯错。我们可以考虑两个时点：t_1和 t_2；t_1先出现，然后是 t_2。当我站在 t_1这个时间点上，我可能认为最好去看场电影。看完电影回家之后，我已经在 t_2 这个时点上。这时候，我可能会觉得自己做了一件蠢事，不该去看一场奇烂无比的电影。可是，这已经是在不同的时点上，我所拥有的信息已经大不相同。理性，指的就是在作决定的那个时点（t_1）上，一个人是具有思索分辨的能力，而不是意味着因为人能思索判断，所以不会做错事和后悔。

至于自利，可能比较没有争议，人总是会设法增进自己的福祉。当然，有一点值得注意的是，自利是指人会追求自己所认定的福祉或自己所设定的目标；在别人的眼里，可能是无稽或可笑、可悲的选择。关于人的自利心，下面的故事是很平实的描述。

情人眼中出西施

几年前有一位我教过的大学生来找我，希望我帮他写封推荐信，他好申请奖学金。我当时忙得很，就要他自己先打个草稿，我再润饰。

几天后他在我信箱里放了一份推荐信的草稿，信里描述这个学生品行兼具，一心向学。课堂上积极参与讨论，常有过人的见解；课余则饱览群籍，常找老师切磋讨论。学业成绩出类拔萃之外，课外（公益）活动也有声有色……

我看了有点儿惊愕。印象里，教书几年来好像没教过这么好、这么完美的学生！

我重新打了一份稿，写道：和所有的年轻人一样，××热情浪漫，有正义感；也和绝大部分的大学生一样，他偶尔也会翘几堂课。但是，比较不一样的是，他一直试着去思索一些社会问题，试着去关怀他自己生长的社会。相信贵会乐意鼓励这样有血有肉、乐观进取的年轻人……

后来他得到了那份奖学金，带了一小包糖果来看我。他略带腼腆地说，那封推荐信的草稿是他爸爸写的。

多年前，有一回妈妈从台中来台北玩，住在家里。我外出回家，她正在讲电话。听她和对方讲有一个一岁多的小孩子又聪明又可爱；要他表演，花样多得很，会真笑、大笑、微笑，还会假笑……她讲完电话，我问她刚才说的是谁家的小孩子，那么有趣。她满心欢喜地说：是“呆呆”啊！我听了差点没把嘴里的豆花喷出来。小犬呆呆哪里是那种孩子！哭闹叫跳，无所不来，把内人和我搞得惶惶终日、心力交瘁；呆呆哪有“那么好”！

事后想想，也难怪老妈爱孙情深。家里五个兄弟姊妹都晚婚，婚后又都忙于各自的工作。两位老人家威逼利诱多年，才在退休前得偿抱孙之乐，当然欢喜异常。小鬼用色笔把墙壁涂得一塌糊涂，说是有艺术细胞；把地板上的东西拣起来往嘴里送，说是有冒险精神；我坐在地上看报纸，他走过来一掌把我的眼镜扯掉，说是动作灵活而且有个性……反正，孙子的一举一动都是他们赞叹夸耀的材料。

其实，人不都是这样吗？拣自己喜欢听的听，挑自己希望看的看，选自己愿意讲的讲。不只老爸老妈如此，学生家长如此，我自己又何尝不是这样？内人怀孕待产时，我走在街上，看到的尽是怀孕大肚子的妇女，心里还觉得奇怪，为什么那么多产妇？孩子生下来之后，走在街上，眼里所见又都是其他的娃娃，好像又看不到半个孕妇了。

下次教经济学谈到“人性自利”的时候，也许我可以把这些例子拿出来讲一讲！

在我教过的课程里，往往要花相当多的时间，才能澄清理性

和自利这两个概念。曾经有一位优秀军官，在课堂上很精确地背了很长一段林觉民的《与妻诀别书》。然后，他质疑：林觉民为了救国救民、为了革命献出生命，难道他是“自利”的吗？

我的解释很简单，林觉民刚新婚不久，娇妻才怀孕；他愿意放下家小爱妻，追求一个他所愿意为之生为之死的目标，他不只是自利，他甚至是很“自私”——为了自己所执著的目标，竟然置家小于不顾！所以，虽然每个人可能追求不同的目标，但人都是选择去做自己愿意做的事。即使有人拿着枪指着你的头说：“要钱还是要命？”你还是可以做某种选择，虽然是不愉快、不情愿的抉择。

我可以补充一下：那位优秀军官，原先对经济学极端排斥，经过一个学期的脑力激荡，后来不只接受经济学，而且深得其中真谛（要不然不会是“优秀军官”），变成经济学的卫道者和传教士。

关于人为了自利而具有的高度理性，下面的故事作了生动的刻画。

洪氏法则

因为“历史”发生时，亲身参与或目睹的人往往不自觉（掉在牛顿头上的那颗苹果在哪里？），所以后人记下的历史和真正发生的事经常有段距离，史实反而湮没不彰。因此，斯蒂格勒（G. Stigler）对经济学的重大贡献，是除了得到诺贝尔奖，还为“科斯定理”（Coase Theorem）正名。现在，科斯定理已经是经济学里最著名的定理，斯蒂格勒当然功不可没。同样的，这是一篇关于经济（思想）史的文章，希望也能有正本清源、确认史实的作用。

因为有关史实，所以人、事、时、地、物都明确可查：1998年11月19日下午6点多，我和几位朋友在台北市安和路的“五颗星”啤酒屋小聚。除了几位经济学者，还有《经济日报》的总编辑颜光佑。光佑的事迹虽然和洪氏法则没有直接的关系，不过也值得小记一笔。光佑身高不过1米6，体型不特别魁梧，但是在大学时代，光佑是台大足球校队里唯一的本地生，其余全都是侨生。而且，光佑大学读的是政治系，却能经过多年历练，当上经济专业性报纸的总编辑。由这两件事，足以反映出光佑（同事昵称“老大”）的特殊。

酒过三巡之后，光佑说：“虽然现在是休假，不过机会难得，还是要做一下新闻采访。我想请问在座各位，对于今上‘戒急用忍’（‘戒急用忍’一语出自清朝康熙皇帝赐给雍正的话，意思是让他处事不要着急要沉稳，凡事多忍让。自1997年底被李登辉用作对大陆的政策，意在阻碍两岸经贸、文化、学术、宗教、体育等领域的往来关系）的政策，你赞不赞成?”

我说：“只要不登我的名字，我不赞成。”

又问了两位经济学者，也表示反对。

最后一位是管理学院的洪教授，光佑把头转向他：“你赞不赞成‘戒急用忍’?”洪教授面不红、气不喘、慢条斯理地冒出一句：“我没有意见，因为你没有付我钱!”

大家愣了一下，然后笑成一团。都说经济学家和管理学院老师的差别，就是管理学院算得更精。不过，事后再想起洪教授的名言，我觉得在嬉笑之外，还寓有深意。

在我们每一个人的生活里，除了买东西的时候牵涉到金钱，绝大部分的行为都和钱没有关系。所以，在脑海里浮现的，通常不是赚了多少钱或赔了多少钱。大部分的时候，我们的行为是自然反应：看到长辈，点头问好；看到红灯，停止不前。或者，在自然反应之外，脑海里会有“理当如此”的念头：同事结婚，送礼祝贺；朋友请托，情理兼顾。

因此，在所有的这些行为里，“个人利益”这个念头似乎从来没有出现过。可是，稍微深究一下，就可以发现并不是这么一回事。看到长辈或红灯会自然反应，是因为自己在脑海里已经设下一些行为规则；根据这些规则行事，可以更有效地因应环境。所以，个人的利益是以一种隐晦的方式出现，而且就在于遵守规则、应付裕如。

在结婚请托的例子里，也许心里经过一番斟酌，最后才决定“从俗”；可是，“从俗”正表示不愿意和其他人唱反调，以免带来批评和责难。因此，消极地看，从俗可以避免自己处于不利的情境；积极地看，从俗可以得到从俗带来的好处——维持友好的关系、得到别人的肯定等等。无论消极和积极，都是不折不扣的“洪氏法则”——只会做、而且只愿意做对自己有利的事。

因此，表面上看，一般人的行为是受道德伦常、风俗习惯所节制；可是，在表象之下，事实上却是受“洪氏法则”的统御。人会以各种直接或间接、明白或隐晦的方式，去追求自己的福祉。洪氏法则，只不过是一针见血地指出所有行为背后的逻辑而已！

为求史实正确，谨记下当时在场的人士：颜光佑、礼正投顾董事长毛邦杰、台大经济系教授钟经樊、管中闵和我。

洪氏，是台湾地区台湾大学管理学院国际企业系教授洪××——因为他没有付我钱，所以我不愿意透露他的大名、帮他打知名度！

对于人的理性和自利还有怀疑的人，不妨自问（或问别人）：如果自己是民意代表，会支持甲案以造福自己选区十万个选民，还是会支持乙案以造福别的选区二十万个选民？

结语

有没有人是不理性、不自利的？喝醉酒的人或精力耗尽的人，因为已经不再能思考判断，所以不是“理性”的；相形之下，不自利的人很难找。我曾多次请教各级的学生，问他们有没有看过或听过这种人：在买水果时，总是拣最小、最烂、最酸、最难看的水果买；这么做，好让别人能买到大的、好的、甜的、漂亮的水果！想一下，有没有这种“不自利”的人？到现在为止，很奇怪（其实一点都不奇怪），还从来没有人举手说见过这种人。如果有人发现这种人，请务必告诉我或其他的经济学者；因为，这将是对经济学基本概念直接的挑战。

理性、自利，是经济学者对人简化的描述；但是，以这么简单的概念为基础，经济学者却可以讲出许多有趣的故事……

第二章

稻草人的由来

胖的人是胸无城府，瘦的人是工于心计；上海人是华而不实，客家人是吝啬小气；台大毕业一定是自以为是，军校毕业一定胸无点墨……我们为什么喜欢给人"贴标签"？"贴标签"会给我们带来什么好处？

在经济学者的眼中，人具有理性和自利这两种特质。理性，是指人能够思索和判断（有谁愿意否认这一点吗?）；自利，则是表示人总是会设法增进自己的福祉。

一旦有了理性和自利这两种特质，经济学者就开始作一连串的推演，以描述和分析人的行为；让我先从最简单的个人开始，再逐步推展到一群人和一个社会。

具体而言，在这一章里，我将试着阐明两个重点：首先，是在理性、自利的驱使之下，一个人会在行为上做哪些取舍。其次，是当一个个的人组成群体和社会时，他们会基于理性和自利做哪些安排。

规则化和成本

有人曾经戏称：能够坐，就不要站着；能够躺，就不要坐着。也许，这句话含有一点参与政治活动的心得或智慧。不过，单纯就逻辑上来看，坐着确实比站着省力气，躺着又当然比坐着省力气。因此，基于理性、自利的角度，的确合情合理。

同样的道理，如果我看到小学的老师要敬礼、看到初中高中的老师也会敬礼、看到大学老师也会问候，那么，我等于是为自己设下了三个小的规则。每当我在路上遇到一个人，我就会在脑海里检验一下，这个人适不适用我的三个小规则。可是，这等于是要计算机程序运算三次；我为什么不三合一，以简驭繁呢？

如果我以一个规则取代三个规则——只要是老师，不论是幼儿园、小学、初中、高中、大学或研究所的，我都会打招呼——不是更省气力吗？既然人是理性而自利的，就确实会慢慢摸索出这种新规则的优越性。

因此，由这个晓白的例子里，我们已经得到两点重要的启示（或是结论）：第一，人会把某些事情规则化；而且，对于众多规则而言，人会以更高层次的规则来统御这些规则。第二，规则化本身就反映了“成本”的概念，人会设法降低自己行为的成本。而且，对于各式规则的运用，也会有成本上的考虑。

关于成本的精义，我可以利用下面的故事来阐释。

稻草人

有一天某杂志的一位编辑打电话来，希望和我谈谈此前我做过的一个专题研究。约好这天上午十点在我的研究室。

她准时前来，花了大约半个小时把主题谈得差不多之后，就随便闲聊几句。我问她在杂志社的工作量重不重。她顿了一下说，工作倒不重；不过，在和别人交往中，当她报出自己工作的单位时，往往会引起别人一种略带讶异和怀疑的反应。从她的声音和表情里，我察觉出一丝掩不住的委屈……

她工作的杂志是政府单位的出版品。多年前刚创刊时老式文宣的味道很浓；最近在内容取材和编排设计方面都颇见匠心，在海内外读者群里有一定程度的评价。虽然我不是那本杂志的忠实读者，对她也了解不多；可是，也许是好为人师惯了，我忍不住自以为是地讲了一番道理来安慰她。

人多少有些倾向，喜欢往别人身上贴标签。因此，胖的人是胸无城府，瘦的人是工于心计；上海人是华而不实，客家人是吝啬小气；台大毕业一定是自以为是，军校毕业一定胸无点墨；国民党是因循老大，民进党是好勇斗狠。但是，事实上这些“刻板印象”不见得正确。所以，被贴标签的人不一定有问题，倒是给别人贴标签的人反而心态可议！

她好像有点惊讶。我继续讲……

其实，就某种意义上来说，贴标签并不是坏事。因为我们对环境里的人和事所知有限，但在行为上又必须有所因应；因此，我们会希望把人事“简单化”——赋予某人或某事一个简单明确的标签——然后再以这个为基础，取舍我们自己的行为。所以，虽然台大毕业生不一定个个自以为是，甚至自以为是的比例并不高；但是，没有关系，可以先“假设”眼前这个台大人确有这种倾向，然后在这个基础上和他（她）相处。如果他（她）的言行谦和有节，可以再调整自己原先认定的“假设”。也许在理智上看，这种贴标签的心理有点浅陋无稽。可是，这种态度事实上可以减少一个人在面对陌生或不可知的人事时，心情上很可能有的彷徨无依。因此，贴标签的作用就好像是在环境里先找出一些“参考点”，然后根据这些参考点来认知行事。

而且，进一步想，报章杂志上常见的“学者专家”，不也是“标签”吗？不也都是“参考点”吗？他们对某个问题不一定是真正的行家，我们也不一定同意他们的看法；但是，没有关系，我们可以先听听他们的意见，然后以他们的意见为基础，再形成我们自己（也可能是已经被潜移默化）的意见。

所以，我看着女编辑说：我的结论是，因为我们都是狭隘脆弱的人，所以需要借着贴标签来找一些参考点。但是，标签应该只是参考点，而不应该是我们对着凌空出拳的“稻草人”；参考点只是指标，稻草人则是（假想的）敌人！

她听完我一长串独白后，不置可否地起身告辞。但是，也许是我的错觉，我觉得她离开时的背影似乎比进门时稍微笔直一些。这也许只是我的错觉……

我曾在警政署教过一学期的学分班，学员都是一时之选的中高级警官。第一次上课，我就讨论“稻草人”这个故事。我请几位学员发表意见，有人认为：贴标签不是好事，我们不应该随便贴别人的标签。甚至有人以自己为例，说明被贴标签的委屈。我换一种方式问：如果我是值勤的警员，外出巡查，当我到文教住宅区去巡逻的时候，心情上会不会和到餐饮酒馆区去巡查一样？

大伙儿还在琢磨这个问题的意义时，在座的一位副署长发表意见：到不同区域去的时候，因为区域特性不同，会有不同的认知，也就会有不同的心理准备。不同的心理准备，其实就等于是在贴标签；所以，贴标签其实有其功用，可以降低我们行为的成本！

我闻言心中暗自惊喜，因为他一语道尽我想表达的要旨；但是我表面上不动声色，因为刚开始上课，不能不稍稍矜持一点。

其实，贴标签的现象无所不在。因为人希望能有效地因应环境，所以会发展出各式各样的“工具”；贴标签，就是其中很有效的一种工具。我可以举一个简单的例子：当我们看到朋友咧嘴露齿、发出一连串的声响时，我们脑中会不自觉地认知到“笑”这个概念。可是，由抿嘴微笑到放声大笑，其实有非常多的表情和动作；然而，我们却很简单地（也就是低成本地）以“笑”这个单一概念来认知，而不是用十种或百种不同的概念来认知。换句话说，语言和概念本身，就清楚反映了人会基于理性、自利而设法降低行为（认知和反应）的成本！在语言概念的运用上如此，在人生活的其他面向上也是如此；降低成本，可以说是人类行为背后最主要的驱动力之一。

制度的内涵

当我在早上跟朋友打招呼说“你早”时，我的腔调可以有多种；但是，慢慢地，我会不知不觉地习惯于其中某种特定的腔调。

也就是，我为自己选了一个小小的、关于说“你早”腔调的小规则。

以小见大，在其他的言行举止，乃至于更抽象的思想观念上，我都会逐渐形成一种惯性。这些大大小小、千奇百怪（刷牙的方式、对朋友的态度、工作上的投入）的习惯，等于是自己为自己订下的规则，也可以说是自己为自己所选定的大小制度。

制度既然是规则，当然就意味着画地自限、跟着习惯走。可是，画地自限的最大好处，就是降低行为的成本。每一个人都能很迅速有效地行动、因应环境，就是因为大家都已经在无意中为自己选了许许多多的大小制度。

不过，依赖规则制度固然可以降低行为成本，规则制度隐含的惯性也可能会过于粗糙而不精致。譬如，“贴标签”的现象，反映的是人们先萃取有限的信息、形成判断，然后再做行为上的反应。可是，标签只是大致的印象，适合初步的反应，却不见得适合进一步较精致的情境。因此，抽象地看，制度是人可以利用的一种资产，但同时也是一种局限行为的束缚。

下面的故事，就捕捉了制度和成本之间的微妙关系。

传统智慧的智慧

几年前我教了一班军官，有次上课时我问了一个和他们切身相关的问题：“为什么教战守则里强调要‘带兵带心’，而不是‘带兵带形’？”

我以为答案很简单明确，没想到还是花了一番时间讨论，才澄清了观念。一言以蔽之，带兵带心是领导统御上成本比较低的方式。因为部属面对的情况千奇百怪，所以如果硬邦邦地规定各种情况下的标准动作，一定会有时而穷。相反，如果能经过某种方式，让部属体会并且认同长官的目标，那么在任何情况下，部属自然会做出长官所期望他做的事。

因此，带兵带形是有苦劳而没有功劳的做法，而带兵带心却是以简驭繁、一劳永逸的操作方式。当然，大部分的规则都有例外：在新兵训练中心，一方面时间短、一方面活动内容单纯，所以着重带兵带形，而不需处理“心”的问题——就像代课老师通常不会花心思训练小朋友各种生活规范一样！

经过“带兵带心”的讨论之后，我慢慢发现：在许许多多传统智慧的警句里，其实都隐含着成本效益的逻辑……

譬如，为什么要“在家靠父母、出外靠朋友”？原因很简单，在家靠父母成本低效益高，出外时父母不在身边，当然靠朋友成本低效益高。同样的，“退一步海阔天空”、“吃亏就是占便宜”、“小不忍则乱大谋”，都是在明示或暗示长远的利益可能更重要。还有，“宁为鸡首，不为牛后”、“擒贼先擒王”、“大德不逾闲”，都是在强调某种成本效益的结构。

即使是描述性的格言，也少不了利弊得失的成分。譬如，“橘逾淮而为枳”是表示环境变化之后，要维持原状成本较高，而入境随俗的成本比较低。同样的，虽然“贫贱夫妻百事哀”只是对事实的描述，但也隐含一种提醒：物质条件充裕，是比较好的情境。

因此，经过千百年的锤炼，传统智慧像是人类社会里孕育凝结而成的珍珠，每一颗都有丰富的内涵和耀眼的光芒，也都是社会重要的资产。因为有传统智慧，所以人们不但得到心灵上的抚慰，也得到方向上的指引。

抽象地看，传统的智慧本身隐含一种价值判断，反映出对好坏、是非、高下的取舍。即使是“以不变应万变”，也是凸显了利弊（也就是成本效益）上的考虑。所以，传统智慧显然具有某种“功能”；虽然表现的方式不一、适用的范围不同，甚至作用有其限度，可是追根究底，都是希望能帮助人趋吉避凶、添增人的福祉。

不过，有趣的是，传统智慧里有许多是彼此冲突对立的。譬如，“路见不平，拔刀相助”是一种智慧，“每人各扫门前雪，莫管他人瓦上霜”也是一种智慧；“既以为人己愈有，既以与人己愈多”是强调要慷慨，“人不自私，天诛地灭”是提醒要自利。当不同的传统智慧指引不同的方向时，似乎没有明确的指标可循。

而且，如果试着从传统智慧里归纳出一些世界观，不同的社会似乎反映出不同的视野和期许。强调“吃亏就是占便宜，退一步海阔天空”的社会，可能是比较保守而不鼓励挑战现有秩序；相反，强调“有理走遍天下”、“替天行道”的社会，可能比较尊重个人价值。当然，长远来看，因为不同的历史经验、不同的社会凝结出不同的传统智慧；而不同的传统智慧，又进一步影响一个社会的发展轨迹。

如果传统智慧反映的是一个社会对成本效益的取舍，有没有更高层次的传统智慧，可以用来选择比较好的成本效益结构？

由这个故事里，透露出两个值得思索的问题：第一，既然对同一种情境，往往有两种彼此冲突的传统智慧；因此，各个传统智慧的适用范围，显然还是由人来取舍。那么，人又是根据哪一种思维（哪一种传统智慧）来抉择呢？第二，不同的社会，有不同的传统智慧；那么，是哪些因素影响各个社会的传统智慧呢？是自然条件、历史经验、人的选择，还是这些因素的某种组合？

由个人到群体

一个人为了有效因应环境，会为自己选定许多规则制度；同样的，一群人在一起生活时，无可避免地有接触和互动。聪明的人们，也就发展出一套套关于群体的规则制度。

最简单的例子，假设在古时候，两人迎面相会于独木桥之前。这时候两人的权益直接发生冲突，到底让谁先过桥呢？最后的结果，也许是以两人年龄大小、性别、有没有背负重物等因素来决定。无论如何，当人们的权益因为重叠而有所干戈的时候，就需要某种机制（工具）来处理。时日一久，当多数人都接受这种机制的时候，一个为众人所支持和运用的小制度油然而生。

独木桥前相会只是极其普通的一个例子，各个社会的语言文字、风格习惯乃至思想观念等等，都有着类似的特性。因为人们在交往时要处理一些共同面对的问题，所以发展出各式各样、大小不一的制度。试想，在鲁滨逊一个人的世界里，走路靠左或靠右根本不是问题；但是，在一个群居的社会里，就自然而然会（或者不得不）处理这个问题。结果，有的社会选择走路开车靠右，有的社会选择靠左；但是，好像还没有哪一个有道路和交通的社会，最后是选择了“随便走”这种制度。

群体的制度

当环境里的人愈来愈多、接触愈来愈频繁的时候，自然而然地需要更多的规则制度。由最实际的衣食住行，到层次较高的公共事务；在每一个环节上，都有大大小小的制度来处理人际互动的问题。

我们不妨想一些具体的例子：衣，男女穿衣有别，不同场合的服饰也有差异；食，用手抓东西吃的地方不多，节庆时的食物也和平时不同；住，游牧民族的帐篷里，不会分出客厅餐厅；行，红绿灯使交通顺畅，但是乡间小道上不会有红绿灯。在公共事务上，司法方面有法律、执法人员、司法审判等等，政治方面有定期选举、议会代议等等。

和一个人所自我设定的制度一样，群体的制度也同时具有两种性质：是束缚行为的“限制”，也是群体所可以利用的“资产”——只要想想红绿灯，就能清楚体会这两点。

制度能发挥作用，需要人的支持。下面的故事，描述了制度和人之间的微妙关系。

制度的基础

加州的安纳罕市，人口约有25万，境内有迪斯尼乐园，因为乐园扩建以及附近相关事业的发展，所以吸引和雇用了很多营建工人。这些工人单身的比例较高，但赚取的多半是基本工资，付不起高昂的房租。因此，市政府就和某些民间企业协商，在市政府提供适当诱因的条件下，由民间企业把闲置的办公大楼和旅馆改为设施较简易的单人套房，然后廉价租给这些工人。另外，为了推动市中心的发展，市政府以租税上的优惠措施，吸引餐厅、服饰等业者在市区内某些特定地点开业。还有，经过协商，市政府以象征性的价格（美金一块钱）把市政府旁的一块空地卖给太平洋电话公司，由后者盖起十余层的大楼使用。电话公司得到的好处是减轻了购买土地的成本，市政府得到的好处是创造了一些就业机会，能够促进消费并带动相关的商业活动。市政府还可以在营业税、财产税的税收上得到回报。

市政府廉价把公有土地卖给“财团”，在我们这个社会里是不可想象的事。有谁愿意相信市政府官员不是图利他人？有谁会想到市政府和一般民众可以间接受益。在美国那个社会里，似乎一般人对于代议政治这种“制度”比较有信心。

仔细想想，“制度”可以说是人们为了追求自己的福祉所设计或发展出来的“工具”。制度当然不能凭空自存，而必须依赖人的支持才能发挥作用。因为运用任何的工具都要付出成本；所以，维持任何一种制度也都需要付出成本，包括有形的成本和无形的成本。人的特质如何，就直接影响到维持制度所必须承担的成本。举一个简单的例子，在一个不很繁忙的十字路口，四个街角设上“停止”的招牌以调节交通，是最基本的一个“小制度”。要使这个制度能维系下去，除了那几个指示牌，更重要的是驾驶员的自律。除非绝大多数的驾驶员都依指示，先停止再前进，要不然这个制度不能维持下去。在那种情形之下，为了维持交通，可能只好设置红绿灯，或者派不定期乃至常设的交通警察指挥交通。这些其他的做法当然隐含较高的成本。因此，环境里人的特质如何，会影响到维持制度所需负担成本的高低。

人的特质如何还会更进一步地影响到会有哪一种制度出现和发展。如果美国社会里一般人不相信地方政府，地方政府就不会拥有相当的自主权。如果一般人不相信市政府官员的判断，市政府就不太可能以象征性的低价把公有土地卖给私人企业。因此，人对“制度”以及“运作制度的人”有多少的信任，往往就决定了哪些制度会出现，而这些制度又能发挥多少的功能。

经济学家阿克洛夫（G. Akerlof）教授曾说：在落后地区做生意是很困难的事。这当然不是指落后地区所得水平不高、民众消费能力有限。这句话的含义，可以从两方面来解释：一方面，在落后地区，不但交通、通讯这些基本设施付诸阙如，行政体系应该配合的行政、司法，在功能上也非常有限；也没有金融市场可以筹集资本、借贷资金。因此，做生意的“环境”不够好。另一方面，在落后地区里，人的思想观念往往和现代经济活动所要求的格格不入。工商业社会所重视的像签订契约、履行契约、有限责任、非血缘关系交往等等，都和落后地区民众所习惯、所认知、所接受的不太一样。因此，做生意的“人”也不够好，因为人不能支持工商业社会自愿交易这种“制度”。

看看别人，想想自己。在我们这个社会里，人们对各种制度有多少的信心？或者，追根究底，人们对自己有多少的信心？

在这个故事里，至少透露出两种重要的启示：第一，制度要能发挥作用，一定需要人的支持；人的素质愈高，就能支持愈精致的制度。第二，制度的孕育发展，往往需要相当长的时间，而不是成于旦夕之间。

在我教过的推广教育班上，有许多民意代表，其中一位很认真踏实，在期末的报告中提到：过去看到别的社会有好的制度，就想到最好能移植到自己的社会里来。上了课之后才深切体会到，橘逾淮而为枳；制度的移植，是非常细致复杂的一件事！

结语

诺贝尔奖得主诺斯（D. North）的专长是经济史，经过长期的研究，他的心得是：长远来看，决定一个社会是繁荣或是萧条的，就是这个社会有没有一套好的制度。

因此，规则制度的出现，是理性、自利的人为了降低行为成本和解决共同的问题，所逐渐发展而成的。好的规则制度对个人而言固然重要，对国家社会显然更有关键性的影响。

第三章

那一只看不见的手

我曾和几十位国军军官讨论公共政策，发现他们都非常英俊。能上电视拍广告的，少说也有一二十位；其中还有几位很突出，走在路上相信会让老中少的女性们忍不住回头多看几眼。这种现象，是偶然还是必然？

经济学和经济学者常受一般人嘲弄，在诸多讥讽里，很有名的一则是：“你只要教会一只鹦鹉说‘供给’和‘需求’，这个世界就多了一位经济学家！”依我看，如果哪只鹦鹉确实能适时地说出“需求和供给”，我们不仅多了一位经济学者，而且还是一位能发人深省、有教育意义、可以开启智慧的经济学者。关键在于，这位经济学者必须能“适时地”运用这两个概念。

在这一章里，我将先说明供给和需求的特性，然后解释供需在市场（和其他场合）里碰面时的现象。最后，是指出市场机能只是运用资源的方式之一，运用资源还有许多其他的方式；当然，要选择哪一种方式，显然是一个非常重要的课题。

供给和需求

在超级市场和便利商店里，买牛奶面包的人是“需求”，提供牛奶面包的人是“供给”。当需求和供给碰面，一手交钱一手交货；除了铜臭味，这种活动似乎枯燥无趣。经济学者把市场机能和供需关系奉为神明，真是令人发笑！

不过，买牛奶面包是供给需求，人绝大部分其他的活动，不也都隐含了供给和需求吗？父母和子女的互动，不是一方面需要养育爱心，而另一方面供给养育爱心吗？和同事朋友交往，不也是友情的供给和需求吗？即使是路上迎面而来的陌生人彼此微笑，不也是有人供给微笑，而有人需求微笑吗？

因此，关于人们之间大大小小的交往互动，经济学者可以把复杂多变的关系简化；利用两个很简洁的概念，可以认知、描述和分析这些交往和互动。当然，在了解供给、需求这两个概念一般性的含义之后，就值得进一步探究供给和需求的性质到底为何？

在供给方面，可以从一些随手可得的现象开始：房地产兴旺时，会有许多建筑商进入；当葡萄的价格比苹果高时，比较少的果农会去种苹果。因此，供给的基本特性是，价格愈高，供给量愈大！原因非常简单，人都是理性、自利的，闻香下马、闻利而至。

当然，供给的特性也有例外；有些性质非常特别的对象，无论价格高低，供给量都是固定的。譬如，台北“故宫”里只有一个翠玉白菜，世界上只有一个迈克尔·杰克逊。供给量有限，自然会影响与需求互动之后的结果。

在需求方面，刚好与供给相反；价格愈低，需求量愈大。东西便宜了，买的时候会多买一些，而买的人也会增加。例子毋庸远求：为什么超级市场要降价促销？为什么百货公司大减价时人潮汹涌？还有，为什么推出新产品（可乐、矿泉水、洗发露等等不胜枚举）时，往往会附送赠品？仔细想想，这些现象的背后，都是需求定律在发挥作用：价格和需求量刚好反向变动——价格高，需求量低；价格低，需求量高！

价量的反向关系，反映了人行为上的规律性。对于经济学者和其他社会科学研究者而言，掌握规律性，是理论建构上非常重要的一步。试想，如果人的行为没有规律性，不就像喝醉酒或精神失常的人了吗？分析这类人的行为，需要生理学家或心理学家，而不是社会科学研究者。

此外，价格，当然也不一定是货币上的数字，而可以是其他（抽象）价值上的刻度。了解抽象价格的意义，就可以试着观察和分析，影响人们行为的到底是哪些（抽象的）价格？

供需相会

在一般人的想象里，好像没有发现供给碰上需求的现象。不过，大概每个人都有逛夜市地摊、讨价还价的经验，那可是供给和需求相遇最直接的情形。

当供需碰面时，如果价格适当，完成买卖，银货易手。因此，交易包含价格和商品或其他物资（理发、提存款等服务）这两种成分。超级市场和便利商店里，虽然没有讨价还价，但也是不折不扣的供给碰上需求。当供过于求的时候，价格会下降；当供不应求的时候，价格会上升。因此，价格的变动，是受到供给或需求的变化，或两者同时变化的影响。这些现象，就是所谓市场机能运作的结果，而且早已无甚高论。

我曾和朋友合写一本经济学教科书，写到供给需求这一部分时，我举了一个例子：牛奶夏天贵、冬天便宜，是因为对冷饮的需求夏天大而冬天少。书发行之后，马上有专事农业方面的朋友告诉我：错矣！牛奶夏天贵冬天便宜，是因为乳牛夏天产乳量少，而冬天产乳量多。因此，主要是供给面变化的影响，需求方面的变化并不大。当然，这又是经济学者不辨菽麦的例证之一。

虽然供需相会达成买卖似乎平凡无奇，但是一般人往往忽略了非常重要的一点：任何一桩买卖，只要是双方自愿（而不是“要钱还是要命”式的买卖），都隐含了双方互惠，也就是两人各蒙其利。譬如，一打鸡蛋的成本可能是 20 元，卖得 30 元，蛋农和经销商赚了 10 元。另一方面，买了一打鸡蛋回家作葱花炒蛋，吃了之后得到的快乐（假设）值 50 元，比售价又多了 20 元。因此，经过一转手，鸡蛋由原先的 20 元变成 50 元；通过买卖，鸡蛋的价值增加了 30 元！

经过一次交易，换手对象的价值增加；经过多次换手，价值可能愈来愈高。更重要的是，通过自愿性的交易，资源（包括人力资源）会逐渐流向价值最高的使用途径。如果资源不能自由流动，宝贵的资源就很可能被浪费误用掉。2000 年 8 月过世的诺贝尔经济学奖得主海萨尼（J. Harsanyi），祖籍匈牙利，二战后逃到澳洲，可惜当地不承认他的学历，因此他在工厂里做了好几年的工。然后，通过读夜校取得学历，后来才先后在澳洲和美国的经济学界大放异彩。如果不允许转业，海氏可能就以工人在澳洲终老。在历史上，没有海萨尼这么幸运的人可能很多！

因此，虽然很多人觉得经济活动和市场买卖粗俗无比，可是很少有人认真想过：市场机能，一方面使买卖双方互惠，一方面使资源流向最有价值的地方；其他运用资源的方式（行政命令、伦常关系等等），是不是也有这两种特质呢？下面这个故事，就是把“市场”的概念，作较广泛的阐释和运用。

无处不在的市场机能

最近受邀到“三军大学”去讲课，和几十位年富力强的部队精英讨论公共政策。在你来我往的舌剑唇枪下，三个小时很快就过去了。我觉得兴味盎然，而且有一个意外的发现：这群四十几岁左右的大男生们，可以说都非常英俊。能上电视拍广告的，少说也有一二十位；其中还有几位很突出，走在路上相信会让老中少的女性们忍不住回头多看几眼。

后来在课堂上，我把这个观察描述了一番，然后问台下的学生：站在社会科学研究者的立场，总是希望能解释我们所看到的社会现象。如果我的描述大致不差，那么，有哪些可能的原因可以解释这种现象？

“因为他们常运动！”——不对，周润发不运动还是很帅！

“因为他们不太用脑筋！”——不对，他们辩才无碍、论述有据！

“因为他们的伙食比较好！”——不对，“部会”首长们的伙食更好，可是（平均起来）远不及这些军官们英俊！

乱弹四射一阵后，我提出自以为是的解释：这些中校上校们，有相当的比例是来自眷村；因此，父亲就是军人。上一代的军人来自中国内地的大江南北，到台湾之后才娶妻生子；因此，夫妻两人，往往是分属不同的省份，血缘隔得很远。父母血缘远，通常下一代的五官会比较俊秀亮丽，这是先天的因素。

在眷村里长大，经常会呼朋引伴、结党营派，再加上从小就长得一表人才，自然会花很多时间在舞会、郊游、追女朋友这些事上。然后，排挤效果出现，留给读书准备考试的时间所剩不多。如果大专联考有面试和术科，也许这些帅哥们会堂堂上榜；可惜，只有笔试。因此，在联考的筛选之下，这些美少年们自然就慢慢地成为国军的栋梁！

我讲完之后，有位同学举手补充了一点：因为带兵的军官每天要面对许多部属，所以仪表很重要；上级在考虑升迁时，可能多少会考虑到这个因素。因此，能升到中高级的军官，一般而言容貌会比较出众。

这一点倒是我没有想到的，所以我赞美了几句。由于没有其他意见，大家好像也都觉得找出了问题的症结，所以就开始讨论其他的问题。不过，晚上在操场跑步时，我又想起课堂上的这一幕，而且有进一步的联想……

在经济学里，供给和需求是很基本的两个概念。厂商“供给”牛奶面包，消费者“需求”牛奶面包；然后，供给和需求在市场里碰面，有了交易，也决定了价格。可是，供给和需求的概念，并不限于商品的买卖，而是普遍地反映在人类其他的行为上。供给和需求，可以很精致地归纳出人际互动时的两股力量，并且烘托出最后的结果。军官们英俊潇洒，其实就是供给和需求这两股力量交互运作的结果。

在供给方面，眷村里父母血缘隔得远，是第一个特质。因为长得可爱，花很多时间在读书之外的其他活动上，这是第二个特质。面对联考时，不擅长笔试是第三个特质。官校毕业后，担任主管而负责领导统御是第四个特质。和供给相对的，当然是需求。青少年男女交往，面貌姣好的自然讨人喜欢；因此，对美少年的需求量大。可惜，这么一来美少年读书的时间少，在面对联考时，不符合笔试筛选的需求，因此美少年们纷纷进入军事院校。等到毕业任职，升迁时需要仪表出众的领导者，因此帅哥们逐渐变成绅士与（高级）军官。最后的状态，是一连串供给需求互动之后的结果。

有趣的是，整个过程和最后的结果，都是自然而然所形成的。如果有人为的干预，过程会受到影响，结果可能也就变成不同的样态。譬如，如果大幅提高军官们的待遇，报考军校的人可能也大幅增加；在那种情况下，筛选出来的结果可能就会和一般学校相去不远！

我不知道自己的分析对不对；不过，还好还有课，我可以问问这群周润发们自己的想法。还有，不知道对岸解放军的军官们相貌如何？

由这个故事里，我们可以发现，“市场”、“供给”、“需求”等等，都是分析性的概念；利用这些中性（不带有价值判断）的概念，我们可以分析很多社会现象。其次，分析社会现象的目的，除了能够了解“为什么”，还希望能预测：一旦有某种因素影响了供给（或需求，或两者），“市场”里会发生哪些变化。

市场结构

当麦当劳进入台湾的市场之后，传统的餐饮业也开始改善卫生和服务。原因无他，麦当劳的加入，使市场里竞争的力量大幅增加；在去芜存菁的压力下，达尔文的进化论确实很有说服力。

影响市场结构的主要因素，是供给者的数目和需求者的数目。由极端的情形着手，比较容易体会参与者数目的多少对供需互动的影响。首先，如果市场里只有一个供给者，而有许多需求者，这就是典型的卖方独占，或者称为卖方垄断。只此一家别无分号时，卖方通常会在可能的范围里予取予求。在许多国家里，国有企业经营效率不彰，主要就是享受了垄断独占的特殊地位。对于供给上诸多不合理的做法，买方通常也只有忍气吞声、逆来顺受。

其次，如果市场里在需求面只有一个买者，就变成买方独占。买方势力独大，就可能以极低的价格或不合理的条件进行交易。在历史小说里，常有许多地主士绅的劣行恶迹，原因就是地主士绅往往是地方上对劳力唯一的买主；因此，他可以有恃无恐，极尽巧取豪夺之能事，把独占的力量发挥到极致。在现代社会里，地主士绅的事迹已不多见。不过，下面的实例与应用，巧妙地反映了市场结构的曲折。

回归基本面

有天晚上和内人、儿子一起，到附近的师大夜市吃饭逛街。我牵着儿子的手，穿过熙来攘往的人群。过了一阵，内人问我："宽宽和你在一起时，都是这么安静吗?"

她几个月前也问过一次这个问题；和上回一样，我觉得奇怪，就说："要不然怎么样?"她开始描述，儿子和她一起走路时有多别扭：一路埋怨她、发脾气，要不然就是赖着不走。从校门口到家门口不超过两百米，她说往往要拖上半个钟头。

对我来说，这可真是新闻。后来我想通了，也不觉得奇怪：内人很有爱心，对唯一的宝贝当然是尽可能地宽容。小鬼恃宠而骄，自然得寸进尺。不过，这倒让我想起最近出的一个家庭作业。

为了要让理论和实际结合，我要同学去探访以下三种不同的定价方式：便利商店里的饮料、高速公路紧急事故的拖吊业者或一般医院急诊室的救护车，还有黑白道按时收取的保护费或节敬。表面上看来，这三者情况大不相同；可是，稍微深究就会发现，决定这三种价格的力量，其实是相通的。

便利商店里饮料的定价，大概是最简单明确的。根据进货成本加上某个百分比，再考虑一些相关的因素（附近有没有其他类似的商店、季节变化、促销活动等等），就定出一个价格。而且，为了让顾客"便利"起见，不会有五毛零头的价格；同一类的饮料最好价格一样，即使进货成本稍有不同。

黑白道的定价方式，是很有趣的一种。便利商店饮料的定价，目标物非常明确；可是，黑白道收费所涵盖的范围，却是包罗万象。从接生婴儿的红包、申请各种建筑和使用执照的额外费用、工程采购的回扣、餐饮娱乐和特种营业的节敬，有非常多的种类项目。不过，定价的方式却大同小异：根据潜在的利益，需求付出某个百分比，以得到供给的保护或服务。而且，即使有某些业内人士你知我知的“行规”，这些价格却千篇一律的隐而不见。当然，随着利益的变化、保护（服务）的增减、司法公权力的张缩，这些费用也会有起伏。

高速公路的拖吊服务和救护车服务一样，最重要的特性是“解救危难”。对于驾驶人或病患家属而言，往往惊慌失措；可是，对于拖吊业者和救护车服务业者而言，这些解救危难却是司空见惯的事。因此，一方面是心急如焚、无所依恃；另一方面是冷眼旁观、好整以暇。当急迫的需求碰上从容的供给时，高下立判；供给会狮子大开口地予取予求，一点都不令人意外。所以，即使救护车和拖吊车都有明定的收费标准，敲竹杠的事还是屡见不鲜。乘人之危的定价，显然很不稳定，高下之间的差别，可能非常悬殊。

抽象地看，三种不同的定价方式可以说都是落在价格的光谱上，而且是位置不同的点。便利商店的饮料，是靠近其中的一个端点；在这个端点上，供给和需求互动的频率高数量也大，彼此约略处在相等的地位上，价格都是明确可见的。救护车服务和拖吊车服务，位于另外一个端点；在这个端点上，供给和需求不一定经常接触，彼此处于高下不同的地位上，价格往往是高下不稳的。而黑白道的保护（服务）费，大概刚好介于这两个端点之间。

有趣的是，随着社会的进步，这个价格光谱上的点，会慢慢往便利商店饮料这个端点移动。有些地方的建筑和使用执照不再有附加费，有些拖吊服务和救护车服务已经按表收费；环境中的条件，正逐渐地使供给和需求能接受更多的阳光。事实上，便利商店本身也是由街角的杂货店演化而来！

内人被儿子予取予求，似乎有点接近救护车和拖吊车的定价方式；也许，多了一个孩子的话，她生活里的阳光会多一些……

想一想，独生子或独生女和父母的关系，到底是独买，还是独卖？当然，除了供给和需求双方的数目，另外一个重要的因素，是双方各自拥有的资源；资源多的一方，通常有比较强的议价能力。在牛奶面包的市场里如此，在友情亲情和其他人际交往的“市场”里，当然也是如此。

政府和市场机能

市场机能隐含对供给和需求这两方面的尊重，通过自愿性的交易，双方互蒙其利。事实上，市场机能最发达的社会，一般往往是人民生活最富裕，人性尊严最受礼遇的社会。

当然，市场不是万灵丹，即使在市场机能最蓬勃的社会，还是会有失业、通货膨胀这些问题。一旦这些问题出现，社会大众通常希望大有作为的政府能出面解决问题。因此，几乎在任何社会里，政府都会介入（干涉）市场的经济活动。可是，出自善心的举动并不保证有好的结果，下面的故事是一个活生生的例子。

做事情的方法

“美国国会刚通过法律，把在西北部森林里活动的白斑猫头鹰列为稀有动物；在现存一万只左右的白斑猫头鹰出没的范围里，禁止伐木等活动。根据估计，因此而失业的伐木工人将有三万三千人。生计受影响的人数更将远超过这个数字。”在一本法律期刊里看到这则消息时，引发了我一连串很奇怪的联想……

在1972年至1974年之间，政府因应舆情而取消了肥料换谷（肥料换谷是台湾地区1950年开始实施的政策，农民必须以稻谷向粮食局肥料运销处换取肥料，而不能以现金进行交易）的做法。结果，六七月份刚好接连来了几个台风，中南部稻田损失惨重；再加上世界性的粮荒；因此，米商开始囤积居奇。自然条件的变化加上口耳相传的风吹草动，使得米价一路攀升。可是，政府手中握有的稻米有限，所以束手无策。白米的价格一日三市，整个社会人心惶惶。最后，政府紧急从泰国进口了十三万吨的白米应急，才避免了一场可能的动乱。

局势稍定之后，政府痛定思痛。当局下令成立粮食平准基金，效法古代贱买贵卖的方式，希望能有效掌握粮源，避免再有粮荒和人心浮动的局面。

大自然似乎总是和人开玩笑。平准基金成立之后，即使有风灾水灾，国内粮食从此没有再出现危机。而且，经济增长之后，人们饮食习惯日益精致。对白米的消耗量从每人每年约一百三十公斤，逐年下降到每年七十余公斤。结果，粮食生产不是不足，而是过剩。

生产过剩表示供过于求。根据简单的供给需求原理，供过于求的商品价格会下降；生产者的利润会下降，甚至无利可图。如果没有粮食平准基金，那很可能就意味着这种商品（稻米）的供给会减少，生产者会慢慢移转到其他产业去。可是，因为有粮食平准基金；所以，在米价低迷、利润减少的情形下，农民呼吁政府提高稻米收购价格。政府一方面为了照顾农民这个弱势团体的福祉，一方面当然也有选票和政治安定的考虑，所以也从善如流。稻米保证收购价格渐次提高。

好心可不一定有好报。在 1992 年，一个农民由一公顷、每年两熟的稻谷上，扣掉各种生产成本，大概净赚三万元；这约等于一个技术工人一个月的薪水。农民不高兴，因为他们认为政府的“保证价格”太低。稻谷的保证收购价格大约是一公斤新台币十八块，折合成糙米，一公斤是二十三块，在国际市场上，一公斤糙米只要新台币四块多。广大的消费者也许不知道，所以没有怨言。

政府更是吃力不讨好。生产得多，消费得少；收购来的稻米放在仓库里，愈堆愈多。一两年之后，总要把旧米处理掉，好让新米进来。旧米往哪里去呢？最先是军公教的配给米、小学的营养午餐，还有军营里大头兵身不由己的伙食。慢慢地，连这些去处都不受人欢迎。

满仓库的米怎么办呢？保存期限一过，政府把一部分米碾碎，比照玉米的价格，约四块钱一公斤，卖给养鸡、鸭、鹅、猪的人家。碾碎是怕不肖粮商以低价承购之后，再漂白上市图利。可是，二十三块钱一公斤买进的糙米，花费人事仓储营业费用保存一、两年，再花钱碾碎，然后四块多卖出去；这不是很奇怪吗？但世界上真有这种事。难怪政府粮食平准基金曾一年亏损70亿~80亿，这笔钱大概可以付3万多个公务员一年的薪水。政府当然不高兴；纳税的小老百姓如果知道了，可能也不会高兴！

在这个发展的过程里，很难说有谁“做错了”什么事。但是，事情演变的结果却非常地“奇怪”。是不是制度上出了问题，在该调整的时候没有调整？还是这种结果是有意识的选择，已经是所有可能情况中最好的情况？

不知道为什么会从猫头鹰的事联想到粮食平准基金；非常奇怪，猫头鹰又不吃米……

这个故事所描述的，并不是偶发事件或特例，古今中外类似的事例天天都在发生；也许，能说供给需求的鹦鹉还太少了一些！

经济学者常鼓吹自由市场开放、政府少作干预，其实这只是故事的一部分；对经济学者而言，市场机能是一个重要的参考坐标：在市场里，自愿性的交易使双方互蒙其利；供给和需求人数的多少，会影响市场结构，进而又影响双方的福祉；通过自愿性的交换，资源会流向价值最高的使用途径；对市场的干预，可能欲益而损；如果不利用市场机制来运用资源，就必须依赖其他的方式。这些对市场机能的体会，都是经济学者经过长期的研究，点点滴滴累积出的智慧结晶。

当然，在人一天二十四小时里，参与市场经济活动的时间可能只是其中一（小）部分。绝大部分时间，一个人可能是和同事朋友家人相处。可是，基于对市场机能的深切体会，经济学者可以利用市场里的活动当作基准点，对其他的活动作比较分析。譬如，和朋友交往，不就是在“友情的市场”里活动吗？不也有对友情的供给和需求吗？还有，时代创造英雄和英雄创造时代，不都隐含了对英雄的需求和供给吗？如果能“适时适当”地运用供给和需求这两个概念，经济学的分析架构不是很有说服力吗？

结语

当两百多年前亚当·斯密发表《国富论》时，主要是强调市场的经济活动可以使国富民强。两百多年之后，经济学者对市场机能有更多更深刻的体会。了解市场机能的性质，不仅掌握了经济活动的脉动，更是进一步探索人类其他活动的利器！换言之，对经济学者而言，市场机能有两种重要的意义：一方面，市场机能是经济活动的中心所在；另一方面，市场机能像是一个参考点或参考坐标，可以帮助经济学者探讨和分析人类的非经济活动。

第四章

对铜臭味的追求

教过很多常春藤盟校的精英学子，时常觉得他们笨得不可开交。而且也不止一次地听到过美国人真的很笨、华人真的很聪明的说法，但是为什么当社会里大部分的人都“很聪明”的时候，情况反而比不上大部分的人都“不很聪明”的社会？

在农业社会里，也有经济活动，不过和现代的工商业社会大不相同。至于如何由农业社会发展为现代的工商业社会，就不是一个简单的问题了。

对经济学者而言，探讨经济增长有两方面重要的意义。一方面，由农业社会变成工商业社会、乃至于科技社会，本身就是重要的经济问题。另一方面，当市场机能达到均衡时，可能呈现一种循环重复的状态；可是，哪些因素会刺激进而打破均衡，使经济体系朝一种新的状态发展呢？在理论的建构上，要使理论严谨完整，必须同时包含对“不变”与“变”这两种趋向的分析。当然，值得注意的是，“变”有两种：一种是在原地打转式的变化；另外一种则是演变成新的状态。

在这一章里，我将先阐明财富的意义，然后尝试描述社会通过经济活动而累积财富的过程。最后，则是指出现代经济体系里，循环起伏的可能原因。

财富的意义

芝加哥大学法学院波斯纳（R. Posner）教授，原来主修法律，毕业于名校哈佛法学院。而后，当他到芝加哥大学任教时，接触经济学，并且成为忠实的信徒和宣扬者。法律经济学这个新兴领域，就是在他和诺贝尔奖得主科斯等人的推动之下，发展得日新月异，对传统法学造成根本的影响。

波氏的学说里，最引人争议的是“财富最大化”的概念。他认为，法官在判大部分的案件时，都可以以这个概念为依据，以促使社会财富最大化。对经济学者而言，市场经济的重要特色之一，就是能经由自愿性的交换，使社会的财富逐渐累积；亚当·斯密《国富论》的精髓，正在于此。可是，对传统法学界而言，过去一向是以公平正义作为最高指导原则；以“财富最大化”来判案，不仅可笑无稽，而且俗不可耐。还好，经过了数十年的讨论沟通，波氏“财富最大化”的观念，已经不再是洪水猛兽。

然而，在经济活动里，追求财富、累积财富理所当然；可是，为什么在人类的其他活动里，也值得把财富当作目标呢？下面的故事，就试着阐释财富的意义。

价值的寄居处

曾自不量力地接受邀请，到一个政府单位作一场专题演讲，题目是“文化与经济”。我提到，虽然一般人认为经济学是处理和“价格”有关的问题，不过“价格”只是诸多“价值”中的一种；广义地来看，经济学其实是探讨“价值结构”的学科。

因为在场听众的素质都很高，所以我又花了一些时间说明狭义的经济学是专门分析商品劳务之类的“经济活动”。这些买卖虽然只占人们生活里的一（小）部分，却是非常重要的一部分。因为以“价格”表现的财富很容易转换成其他的“价值”，而像美丑善恶这些其他的价值却很难转换成别种的价值。

讲完之后，我正低头整理东西，有一位年轻漂亮的小姐走到身旁。她说，她不觉得只有价格才能转换成其他的价值，她可以很轻易地把她的快乐分享给她的朋友；其他的价值显然也是可以转换的，她不太清楚我的意思。

虽然我的嗓子有点哑，不过既然是年轻漂亮的小姐有问题，我当然分外地乐意略陈固陋。我正要开口，旁边又走近一位比我还中年的中年男士。他也有问题，而且话匣子一开不可收拾。原来的小姐看看手表，点个头走了，留下两个大男生——一个谈兴大发，一个面露（假假的）微笑、保持风度。

在回学校的出租车里，我稍稍有点感伤和遗憾地想起刚才价值转换的问题……

一个人当然可以把他（她）的情怀释放出来，让其他人分享他（她）的喜怒哀乐、爱恨情仇；特别是心灵上有交集契合的人，感受更是深刻。可是，这只是近距离、小范围里的“转换”，范围一扩大、距离一拉长，转换的可能性就大幅度降低。因此，你可以把“正义感”这种情怀很轻易地展现在自己的办公室里，却不容易让远在天边的人体会到你的心意。

相形之下，以价格表示的金钱（财富）却可以很方便、无所不及地发挥功能：我可以把钱由台北汇到高雄去，捐给贫困户；可是，即使我有满腔的正义感，我能把这份正义感电汇到高雄吗？仔细思索一下，金钱这种价值确实比较容易变成其他的价值：口袋里一千块新台币可以用来买两本书，把金钱转换成知识上的“真”；可以用来捐给公益事业，把金钱转换成行为上的“善”；可以到海边享受海天一色，把金钱转成感觉上的“美”。可是，如果有满腔的良知、正义感，能不能直截了当地变成真善美呢？

而且，金钱这种价值在辨认、交换、处理上要比其他的价值容易得多。当我由口袋里拿出两张五百块的钞票时，所有的人都知道我可以掌握、控制、运用一千块的资源，也都愿意接纳和承认我的权利。但是，如果我高声声称我心里有一万个单位的正义感，想交换一个苹果、两张戏票，别人愿意承认我的权利吗？别人“应该”承认我的权利吗？当我用一千块买了两本书，书店老板可以拿着这一千块去做别的用途、去创造新的价值。可是，即使我能用心里的正义感换得了一个苹果，我要怎么样把心里的正义感交给水果摊的老板；他“拿到了”正义感之后能做什么用途呢？因此，和其他的价值相比，金钱这种价值的运用比较没有争议。正因为比较没有争议，所以以金钱进行的活动可以引申蔓延出其他进一步的活动，也就是创造和累积出更多的价值。

指出金钱这种价值的优点，当然并不隐含贬抑其他价值的缺点，两者之间的对照刚好衬托出彼此的特性。因为金钱明确简单，所以容易处理，也能不断地滋生和成长。不过，金钱这种价值本身（应该）只是媒介而不是目的：我们通过对金钱这种价值的运用，享受到其他诸多的价值。如果没有金钱（财富）作为媒介，社会上绝大多数人所能拥有的显然将是很粗糙原始的价值。

坐在出租车里想这些道理当然比和年轻漂亮的小姐讨论要无趣得多；不过，也许头脑要清醒一些。这些价值之间不知道该怎么转换?

和五百年前的社会相比，现在的社会可能有同样多的诚实和正义感。可是，经由经济活动的发展和累积，社会目前所拥有的财富，绝不是五百年前所能比拟的。而且，当社会的资源（广义的财富）愈来愈多时，才有更充沛的条件追求其他的价值和支持人的尊严；波氏财富最大化的观点，确实见前人所未见。

经济活动的变迁

如果我们环顾四周，马上可以发现：有的国家非常富裕强盛，有的国家却萧条落败；有的国家已经进入科技社会，有的国家却仍然停留在游牧农畜的状态里。可是，为什么？既然有这么多先进社会为榜样，为什么落后地区不能在短期内迎头赶上、共享繁荣？

下面的故事，就具体而微地尝试回答这个问题。

比聪明

几年前，有一次到邮局寄信，我把牛皮纸袋交给柜台的小姐，请她称一称有没有超重，我好贴邮票。小姐把纸袋往柜台上的磅秤一放，指针晃动两下，刚好停在基本邮资的重量上。可是，小姐竟然说：超重，要多贴 X 块钱的邮票。

我简直不敢相信我的眼睛和耳朵，邮件明明没有超重。我问：不是刚好没有超重吗？柜台小姐头也没抬地讲了一句让我毕生难忘的话；她说："现在没超重，等你贴上邮票，就超重了！"

在短短不到一分钟的时间里连续受到两次震撼，我有点张口结舌、手足无措。还好，那时候我已经当过兵，经过一些历练，稍有韧性。我半句话不说，向旁边窗口的小姐借了一把剪刀，把牛皮纸袋剪掉大大的一角，贴上基本邮资，没有做鬼脸地把邮件交给原来的小姐，然后掉头扬长而去。

后来每次午夜梦回想起这事，总免不了在愠怒之余有一丝感伤：为什么邮局的那位小姐会那么苛刻？为什么我又必须要靠一点伶牙俐齿的"小聪明"来以眼还眼、以暴制暴？

早期的制度学派经济学者一直不能理解，为什么世界上有些区域一直在贫穷落后里打转：既然已有先进国家为榜样，而且资本技术也不是遥不可及；可是，为什么这些落后地区却好像在时空的轨迹上静止不动，和别人的差距也就愈来愈远？经过深入地探讨和思索，这些学者慢慢体会出一点令人惊讶和难过的心得：落后地区之所以落后是有其原因的，而且还很可能会继续落后下去。

在中东地区的某些集市里，有各式各样的摊贩；卖的东西从牛马骆驼、衣服器皿到米麦粮食，应有尽有。市集里人声喧哗，往来杂沓，热闹得很。但是，这些集市里的买卖交易有几个共同的特性：卖东西的人规模多半很小；买卖双方多半是萍水相逢，彼此都是陌生人；做成一桩买卖之前，往往要花很长的时间在讨价还价上。

因为生产交易的有很多是自制的农产品或手工艺品，所以产量不大，而且质量参差不齐。因为彼此是萍水相逢，以后可能永远不会再碰面，所以重要的是在“这次交易”上得到好处、占到便宜。既然没有两个东西是一样的，每个东西的“特色”当然也就可以夸大其词。所以，卖东西的人会鼓起如簧之舌，把他卖的东西吹嘘得天花乱坠、绝无仅有；买东西的人当然也会不假辞色地挑三拣四、嫌东嫌西。买卖双方花很长的时间计较得失，各种欺、瞒、诈、骗的伎俩当然也就发挥得淋漓尽致！

这些特性一旦形成，就产生恶性循环。因为要花很多时间在讨价还价上，所以重要的是怎么样能在言词上胜过对方，产品本身的良窳倒变得次要了，卖东西的人也就没有意愿去花心思改良他的产品了。因为只是一面之缘，所以也不会试着建立起口碑信用；没有口碑信用，自然也就不需要以质量取胜；不能以质量取胜，也就没有动机去提升质量。所以，几十年或几百年来所买卖的东西，可能并没有什么太大的不同！

恶性循环指的不只是交易的货品，更重要的是对人性的摧残。忠厚老实不但不会受到奖赏鼓励，还会被当成冤大头，甚至落得无容身之处。所以，大家都变得虚浮狡诈，不信任别人，也不让别人信任。事实上，最后大家的气味习性相近，都是一丘之貉，也没有什么好坏是非可言。

制度学派的经济学者把这种令人感叹的情况称为“低度均衡”，用来和西方先进社会日新月异、产生良性循环的“高度均衡”作对比。至于怎么样能（试着）由低度均衡过渡到高度均衡，就不是三言两语所能说得清楚了！

过去在美国求学时，常觉得同班的美国同学比不上我们中国台湾或韩国的同学。后来有机会教他们的大学生，虽然这些学生已是顶尖常春藤盟校的精英，我还是觉得他们笨得不可开交。然而，经过“贴邮票”的事情之后，我有一点新的体会：美国人也许真的很笨，华人也许真的很聪明，但是当社会里大部分的人都“很聪明”的时候，也许情况反而比不上大部分的人都“不很聪明”的社会……

这个故事提醒我们，人的聪明才智可以运用到很多方面；有时候，这些聪明才智等于是在“做虚功”——浪费在一些既没有功劳、也没有苦劳的用途上。

可是，在哪种环境下，才会有经济增长呢？曾经有一段时间，经济学者把注目的焦点集中在自然资源、人力资本、科技水平、基本设施等等因素上。可是，强调其中任何一项因素，其实都隐含值得（或必须）采取诸多配合的公共政策。譬如，如果人力资本不足，就要增加对教育的支出，改善医疗设施以增强体质，协助高级人才就业和在职培训；如果基本设施不足，当然要花钱修马路铺电线与水力。可是，经济学者渐渐发现，长远来看，自然资源等因素并不是关键所在。而且，很多东欧国家在科技方面并不落后，可是在旧制度解体之后，经济活动却并没有很快地步上正常的轨道。可见，对一个社会而言，要维持经济活动的正常运作，并且逐渐累积财富、迈向富裕，并不是一件容易的事。

就整体而言，社会能不能支持正常的经济活动、并且追求成长和繁荣，关键在于是不是有开放自由的环境；使人们能发挥自己的潜能，并且享受自己努力的果实。下面的故事，就是研究经济史的学者所得到的智慧结晶。

到繁荣之路

虽然历史是由一连串已经发生过的事件所组成；但是，这些事件的意义却是由“历史研究”反复不断地加以分析和阐释。

诺斯可以说是“新（经济）史学”研究的佼佼者：他运用尖端的经济理论重新解释历史，不但能讲出更完整、更有说服力的“故事”，也为他自己挣得了1993年的诺贝尔经济学奖。在他的成名作《西方世界的兴起》（*The Rise of the Western World*）这本书里，诺斯就以短短150余页的篇幅，重新阐述从10世纪到18世纪这段期间里，欧洲的兴衰起伏……

在16世纪以前，欧洲大陆的荣枯仿佛是被一种宿命论式的循环所支配；而“人口数量的多寡”则是主导这些循环的唯一因素：在当时以农业为主的经济体系里，人口持续地增长之后，原有的耕地不敷使用。所以，较偏远的土地会逐渐被开垦生产，但是这些次等耕地的生产力较差。因此，伴随着人口增长的，是每个人的平均所得下降。平均所得下降隐含的是生活质量较差。每个人能摄取的养分慢慢减少，人的抵抗力也因而下降。因此，人口密度上升加上抵抗力减弱，刚好就为饥荒、瘟疫、战祸等天灾人祸提供最有利的条件。

当几十年、甚至上百年的饥荒、瘟疫和战乱扫除了大量的人口之后，另一个循环于焉展开：人口减少之后，可以放弃较差的土地，农业生产力上升，每人实质所得增加，营养改善，人口开始膨胀——一直到下一次大自然再作无情地淘汰为止。人，挣脱不了自然条件的束缚。

然而，16世纪是欧洲大陆的转折。经过一个多世纪的发展，欧洲的人口已经恢复到14世纪的水平。虽然人口增长可能会再度导致自我残害，但是，有些区域已经能挣脱大自然的诅咒。

荷兰和英国是两个成功的例子：经历一段稳定增长的岁月之后，地区性的小型贸易慢慢扩充规模；几个港口慢慢成为大型的商埠，在市场里交换的资源愈来愈多。市场的规模扩大之后，各种金融性产品也就次第出现。募股公司、专业代理、资本市场、贴现市场等等，都应时而生。在这个发展的过程里，政府（皇室）不但没有干预阻挠，反而采取诸多措施以促进市场活动的勃兴。

与荷兰和英国这两个成功的例子相比，法国和西班牙的际遇就令人掩卷叹息矣——诺斯教授用“陪榜者”这个名词来描述法国和西班牙。当区域间的贸易正在萌芽的阶段，法国皇室不但不加以呵护，反而以一连串的措施来抑制市场的扩充，并且设下层层关卡来课税。各个地区里的行会被赋予独占垄断的地位，而行会则画地自限的定下种种严苛的规定。譬如，关于布匹染色的规定有317款（盖317个章?）一般的布匹也要经过六道的检查手续。经济繁荣所需要的自由不但没有生存的空间，还被残忍地扼杀。

西班牙的情形也是异曲同工：皇室为了维持庞大的军力，除了没收私人财产，还大量地向民间举债。政府的利息负担愈来愈重；结果，先是片面地宣布延长债期和降低利息，然后是一了百了地宣布破产、赖账了事。既然私人的财产权不受保障，因此久而久之，工作和生产的诱因完全消失。当时最好的出路是：当学生、僧侣、乞丐或官吏，因为可以衣食无忧！西班牙从此再也没有成为世界级的霸主！

现在再看这些历史事件，除了有后见之明的奢侈（和感叹），当然有一点质疑：在现代社会里，哪些措施会造成和法国、西班牙一样的命运？有没有办法避免？

诺斯在书里没有叙明！

一旦挣脱了大自然的束缚，人所面临的主要考验，其实就是自己。几千年来人的聪明才智并没有变化（进化）多少，所展现的成

就却有天壤之别。同样的道理，世界各国的人在遗传基因上的差异有限，所享有的果实却相去千里。可见，大自然已经不再是人的敌人，人才是自己的敌人。由故事里也透露出，长远来看，在稳定的财产权和政治安定的情形下，经济活动才可能活络和发展。

经济起伏

在市场经济高度发达的社会里，虽然累积了可观的资产；但是，还是不可避免地会有周期性的起伏。有名的“蝴蝶效应”并不是空谈：在北京城里的一片落叶，吸引了一只蝴蝶振动翅膀；空气里小小的波动，又引发了一连串的反应；最后，滚雪球般的效果，使纽约华尔街的股市经历了恐怖的黑色星期一。现在无处不在的因特网，可能会加强这种效应！

对于经济上的波动，各国政府多少都采取了一些防范的措施（股市暂停交易、失业保险等）；但是，到目前为止，对于经济波动的来龙去脉，经济学者还是不能完全掌握。下面的故事，是关于众多经济波动类型中的一种。

跨越自然形成的秩序

提起哈耶克（F. Hayek），一般人马上会联想起《通往奴役之路》(*The Road to Serfdom*)这本名著;不过,对于经济学者而言,可能会更重视他所强调的“自然形成的秩序”。

哈耶克曾经用生动的譬喻,阐明“自然形成的秩序”这个概念:在村落不远的地方,有一个水池,村民们去汲水的时候,要穿过一片树林。虽然村民们各自行动,谁也没和别人讲好,可是经过一段时间,树林间会自然形成一两条小径。没有人规定非走这一两条林间小径不可,不过小径一旦形成,没有杂草乱石,大家都自然而然地循径而行。哈耶克认为,在人们经济活动的领域里,“林间小径”的现象也一样成立——毋须政府管制或指挥,人们会在交往互动里,逐渐摸索出一些自然形成的秩序。

哈耶克理论的背景,是1930年经济大萧条之后。当时经济不景气,失业率高涨,民众普遍要求政府强力干预。管制经济的呼吁和主张,甚嚣尘上。哈耶克力排众议,坚决主张自由主义和市场经济。一代学人的识见和风范,真是令人敬佩。

不过,1990年以后,“林间小径”的故事却有了一些转折:如果在汲水的路上或水池边,有人谈起一夜致富的机缘——有一家矿业公司在海外勘探,发现丰富的银矿蕴藏,正在发行股票募集开采资本。股票价格一日数市,早买早赚。刚开始村民们充满狐疑,不过有一两个人半信半疑下买了几张。果不其然,买了之后价格一路上扬。

有一些人见钱心动,也采取行动,也赚了钱。见贤思齐的人愈来愈多,不过股价还是继续上升。先前赚了钱的人,把赚的钱用来消费和投资。因此,不但买股票的人愈来愈多,村子里的经济活动和房地产等也都热络起来。虽然谁也没看过半点白银,不过单单是村民们的“期望”和“信任”，已经足以支持这一片荣景。名目和实质之间互相影响，真实和虚幻之间也不容易划分。

有一天，一个黑客出现，先无声无息地以厚利向个别村民借了一堆股票；然后，一边卖出手中的股票，一边利用耳语向村民们传布“银矿是假的”这个消息。只要适时地加上仓皇的神色和语调，滚雪球的效果逐渐出现。数日之内，股价一路崩跌，最后几乎形同废纸。然后，黑客以废纸的价格买回股票，还给出借者；在高卖低买之后，获暴利扬长而去。即使后来证实银矿确有其事，在连锁反应下整个村落已经哀鸿遍野、元气大伤。

在哈耶克“林间小径”的故事里，一切都是具体的、实质的：村民、树林、水池、小径；可是，在“林间小径”的现代版里，却多了一个名目抽象的东西：股票（的价值）。具体实质的东西，看得到摸得着，价值比较稳定；相形之下，名目抽象的东西，有宽广无比的想象空间，价值可以是金玉、也可以是败絮。

虽然情节不同，不过保罗·克鲁格曼（P. Krugman）教授在《萧条经济学的回归》（*The return of depression economics*）这本新书里所描述的，基本上就是一个现代版的“林间小径”。只要把村落的规模放大，就是如假包换的泰国、马来西亚、日本、巴西、墨西哥等等。当然，对于一般读者而言，比较重要的问题是：克鲁格曼的书带给我们什么启示或教训？下面这两点，可能是特别值得强调的：

首先，对一般人而言，可以试着多体会经济活动的脉动。在现代社会里，经济活动对每一个人的衣食住行都有明显而直接的影响；而且，通过实质的贸易和金融上的交往，国与国之间的藩篱愈来愈脆弱。地球上某一个角落里发生的动荡，很可能通过金融网络而波及远在天边的其他角落。因此，生活在现代社会里，如果能了解经济活动的基本脉络，积极地可以追求自己的福祉，消极地可以寻求自保。万一在经济起伏里，自己无缘无故地遭受池鱼之殃，也比较容易坦然自处、沉着以对。

其次，对于一个社会而言，在哈耶克“自然形成的秩序”里，政府的地位无足轻重；最多，是个旁观的裁判。可是，处在现代国际经济体系里，每一个国家都面对着极为复杂的金融网络。金融上的小波动，能引发出滚雪球般的效果，并且对实质的经济活动产生深远的影响。因此，各国政府最好能培养出一批金融专家；不但精通实务，能处理国内的金融问题，而且要有国际观，随时准备上场和国际黑客一较长短。要培养这么一批武林高手，当然不是三两天的事。而且，这批金融精英不是无中生有，他们事实上和一般民众唇齿相依。一方面，他们来自于社会，没有受过良好教育的公民不属于这批精英。另一方面，这批精英的举措，也往往需要一般民众的支持。除非一般民众了解经济活动的脉络，否则很难在关键时刻同舟共济。

当然，对于经济学者而言，现代版的“林间小径”也引发了一连串的问题：政府不能只是旁观者，而必须是参与者；可是，参与的权限有多少？通过什么样的机制，可以避免使参与者本身变成问题的来源？显然，经济学者有做不完的功课。

作者克鲁格曼是一位著名的经济学者，在国际贸易理论方面有卓越的贡献，于2008年得到诺贝尔奖。他为《纽约时报》撰写的专栏，在点阅次数和转寄次数上，经常名列前茅。在学术论述和通俗写作上都成就斐然，克鲁格曼为经济学者（和所有社会科学研究者），立下了一个很好的标杆。

故事里所描述的经济起伏，可以说是现代各个资本主义体系都会面对的变化。或长或短，总会有起承转合般的涨落起伏。当然，经济起伏是一种周期性、循环性的现象，这种变化和经济增长不同。经济增长是经济体系挣脱了周期性的循环，而进入另外一种轨迹；经过一段时间的成长，经济体系又迟缓下来，往往又进入周期性的起伏。

结语

财富，当然不是最终的目的，而是追求福祉快乐的工具。由历史的角度来看，波斯纳教授的“财富最大化”确实发人深省。至于如何把财富转换为快乐，恐怕就不是经济学者所擅长的课题了。

对经济学者而言，经济体系面临短期和长期两种问题。在短期，如何维持物价稳定、充分就业，而避免景气萧条和通货膨胀；在长期，主要的问题是不致于停滞或衰退，而能继续增长和繁荣。到目前为止，对于经济学者来说，这两个问题都还没有一致赞同的正确答案！

第五章

谁懂谁的心?

如果你是一个小学生，午休时间和大家一起嬉闹叫跳，吵到隔壁的班级，隔壁班老师向本班老师告状，老师要求中午吵闹的小朋友诚实地站出来，你会选择挺身而出还是按兵不动?

对于当代的经济学者来说，可以说是相当幸运，因为在他们的有生之年，或者亲身经历过经济学空前的巨变，或者已经开始享受这些巨变所带来的智识上的果实。

具体而言，从 1960 年开始，经济学者开始向社会学、政治学、法学等领域扩展（很多人说是侵略）；现在法律经济学已经成熟，而且是势力仍在膨胀的新兴学科，给传统法学带来革命性的冲击。经济社会学和经济政治学，也都绽放了鲜艳的花朵。在智识的发展上，对经济学和其他学科而言，都有深远的影响。

除了向外扩展，自 1960 年起，经济学本身也掀起一场不算小的革命。这场革命，就是把一个过去不起眼的因素纳入分析。结果，许多过去视为当然的重要结论，必须重新改写；但是，正因为如此，而使经济学的内涵更为丰富有趣。

在这一章里，我将先解释信息问题的意义，然后说明信息问题对经济活动和其他活动的影响。接着，是分析信息缺憾所引发的诱因问题；最后，则是探讨信息泛滥的现象。

信息问题

过去在读经济学的文献时，常碰上囚徒困境的故事：两个江洋大盗联手干下一件大案，约好彼此绝不泄密和出卖对方。可是没几天，就都被官府捉去；官府虽然抓对了人，不过没有证据。因此，把两人隔离侦讯，而且对两人分别威胁利诱。只要招供承认就会从轻发落，而另外那人会受到严重的处分。在这种情形下，如果两人都不松口，官府没有证据，只好草草了事。但是，被隔开之后，每个人都担心，自己会不会被出卖？到底招还是不招？这就是有名的囚徒困境。

后来多读了点书，知道经济学者一开始就说这个故事，有其道理：因为，在人类社会里，连最平常的互动都隐含类似囚徒困境的状态——在没有红绿灯的十字路口会车，到底要谁先通行？（两个人都往前开，就像两个人都招供一样，都倒霉！）人们要和平共存，就要解决一连串的囚徒困境。

不过，现在再看囚徒困境，也可以体会出信息的重要。如果隔绝之后，两人还能互通声息，就可能都不吭声。有趣的是，如果有机会碰面，两个人要如何交换信息呢？由此可见，语言文字、手势表情等等，都是为了解决信息交换的问题而发展出的工具。

事实上，如果信息完整、垂手可得，我们就不再需要会计师、律师、医生，因为我们自己都握有相关的信息。如果信息是完整的，我们也不再需要老师、警察、新闻播报员，因为大家都已经拥有他们所掌握的信息。因此，社会上的很多行业和很多制度，其实都和信息有关。由此也可以看出，信息确实是影响人类活动的重要因素。

信息不对称

虽然大家都感受到信息的泛滥，也都知道21世纪号称为“知识经济”的时代，经济活动将是以信息为主的知识产业；不过，信息的重要性，很可能远超过一般人的想象。

我以下面的故事，由信息的角度解释诚实这种品德的由来。

樱桃树的故事

罗伯·弗兰克（R. Frank）教授根据他多年的研究，出版了一本结合心理学和经济学的专著，探讨人类各种“情绪”的由来。名家出手，确实不同凡响，书里充满了洞悉人性的深刻观察。

弗兰克教授认为，人类的各种情绪都各有其功能。以“诚实”这种情感上的特质为例，书里提出一个很有趣的问题：人为什么要“诚实”？诚实有什么好处？弗氏的解释很简单明白：如果这个世界上每个人都拥有充分的信息、都知道别人葫芦里卖的是什么药、都懂得别人的心，那么，“诚实”与否的问题根本不存在——因为每个人都知道彼此的心事，所以在交往时不可能不诚实。因此，只有当“信息不完整”的时候，诚实的特质才有其作用；也就是说，诚实这种特质的作用，是在抒解信息不完整对人际交往（交易）所造成的困扰。

当信息有缺憾，而人际交往（交易）变得愈来愈频繁时，一个诚实的人自然比较容易得到别人的信任。因此，和不诚实的人相比，诚实的人就有比较多缔约获利的机会。长此以往，在人生的竞赛里，诚实的人就有比较强的竞争力，比较容易出人头地。

可是，问题当然不是这么简单；每个人都可以声称“我是诚实的、相信我”。所以，诚实的这种特质必须和某种外在的行为特质连接在一起，才能成为取信他人的佐证。而“情绪”上的某些征候就刚好能发挥这种功能：如果哪一个人讲谎话时会脸红、会眨眼或会汗流满面，而且别人都知道他的这种特性，那么当他讲话没有脸红、没有眨眼、没有流汗时，就表示他讲的是实话、值得信任。因此，情绪上的特征有释放信号、传递信息的功能，而这些生理上的特征值得广为其他人所知。

然而，弗兰克教授认为，即使让每个人自由选择，也不见得所有的人都会选择做个诚实的人。这是因为那些生理上的特征一旦形成，很可能就成为一种情绪上很自然的反应，而不能由人收发自如；譬如，真正诚实的人即使撒点并无恶意的小谎（不客气，我吃过饭了；家里有事，不能去应酬）也会脸红。可是，这事实上会给自己和别人带来困扰——小谎会让别人察觉，不撒谎又造成自己的不便。所以，权衡取舍，也许大部分的人都不愿意让自己变成一个硬邦邦的“乖宝宝”；大部分的人变得世故、老成、持重，真是有以致之。然而，对于那些少数一以贯之的“老实人”而言，一旦建立了“诚实可靠”的信誉，他（她）等于是为自己积累了一份可贵的资产，一份利己而且利人的资产。当然，毋庸置疑的，社会上这种人愈多、大家的日子都会过得愈好。

在书里，弗兰克教授没有特别处理政治人物的“情绪”问题；不过，政治人物经常是在台前说一套，在台后做另一套；换了位置，也换了思维和说词，而且都理直气壮，面不红、气不喘。这又是怎么一回事？

樱桃树，指的当然是美国总统华盛顿小时候砍树的事。“诚实”是一种工具，而这种工具的出现，是因为在面对信息不对称的问题时，理性、自利的人所发展出来的。一旦考虑了信息这个因素之后，经济学的内涵和趣味性，显然大幅增加。其实，脸红眨眼的功能之一，可能就是要传递信息；同样的，守信用、可靠、忠厚这些品德，也有类似的功能。而且，这些美名本身，也隐含了一种诱因；得到美名的人，可以在人际交往上，享有较好的待遇。

信息和经济活动

过去，经济学者往往根据设定的模型，推导出很多结论；然后，在文章的某个不起眼的地方，加上一个附注：本文的结论，都是根据信息完整的假设；如果信息不完整，本文的结果会受到少许（但相信不太严重）的影响！其实，一旦考虑到信息不完整（每个人都只有部分信息）或信息不对称（有的人握有信息、有的人没有），许许多多的结论都不再成立。

首先，经济学者体会到，如果信息的结构不完整或不对称，即使有人想卖有人想买，交易也不一定会达成；在更严重的情况下，整个市场都可能消失无踪。（经济活动无从进行，这可是大问题！而且，如果没有经济活动，要经济学家做什么？）

其次，在信息分布不健全的情形下，即使达成交易，交易的性质可能很特别——也许会有限价或限量的做法。当我在超级市场要买牛奶，有谁听过（除了台风或特殊情形）只准买两罐或三罐的？但是，一旦考虑信息问题，就可能出现类似的现象。譬如，我走进一家银行，表示愿意以人格担保借美金一千万；可惜，因为信息不对称，银行不知道我的底细。所以，即使我提出再优渥的条件，大概也只能借到一两万。“知人知面不知心”，显然是信息不对称的写照。

最后一点，在信息缺憾的情形下，正常的市场可能不存在；如果存在，也可能有限价或限量的做法。因此，为了克服这些限制，理性、自利的人可能会摸索出一些自以为是“非市场”的做法。可是，这些非市场的做法，却可能欲益反损、得不偿失。譬如，在地上经济里借不到钱，就转向地下经济（钱庄）借钱；银行里不能周转，就向亲友之间周转。看起来似乎解决了眼前的问题，然而暴力讨债和背书跳票却往往是最后的结果。

下面的故事，就是描述信息不对称时，市场交易的特殊现象。

樱桃是柠檬吗？

樱桃是柠檬吗？这听起来似乎有点鹿马不分的诡异，但事实上这是经济学发展过程中的一段（小）典故，而且是相当有趣的一段。

在1970年，经济学者阿克洛夫教授发表一篇论文，讨论旧车市场的特色。因为卖旧车的车主已经用过一段时间的车子，所以很清楚车子的性能，但买车子的人多半不能判断车子的好坏。所以，卖主和买主彼此拥有不同的信息，也就是两者之间存在着一种“信息上的不对称”。而且，性能好的车子通常没有人舍得卖，所以被送到二手车市场的多半有问题，多半是一些尝之令人龇牙咧嘴的“柠檬”。

既然买卖双方所拥有的信息不同，而出现在旧车市场的又多半是柠檬；所以，即使有人想买车、有人想卖车，最后却可能谈不成买卖。市场里没有交易发生。

旧车市场的例子深刻地反映出“信息”这个因素对市场交易的关键性影响。这对当时被经济学者奉为圭臬的观念“市场里有人想买、有人想卖，就会有交易发生”，可以说是直接的冲击和挑战。因此，阿克洛夫这篇开创性的论文，也就成为经济学文献中重要的经典之一。

柠檬市场的特性除了学理探讨上的兴味，对我们日常生活是否也有些启示呢？

美国西北角的华盛顿盛产樱桃，产品销往美国各州。樱桃有大有小，大的漂亮可口，价格比较高。因此，樱桃可以依大小先拣选，然后按规格等级出售，各领风骚。当然，樱桃可以拣也可以不拣，拣过的樱桃就按大小“分级出售”；没有拣过的就大小参差的“混合出售”。但是，拣樱桃要耗用人力物力，而且生手和熟手筛选的功力大不相同；所以，樱桃商自己会决定要不要费事拣樱桃。经过一段时间的发展摸索，产地的樱桃商人变成两类：第一类完全不拣樱桃，樱桃全部“混合出售”；第二类商人一方面拣樱桃，一方面也会放任某几批樱桃混合不拣。

分好等级的樱桃固然可以依等级在价格上有高下之分，可是那些“混合”的呢？既然卖樱桃的人知道这些樱桃的质量如何，而买樱桃的商人可能是身在数千里之外的纽约、波士顿，所以买卖之间也有信息上的不对称。这些樱桃会不会就像阿克洛夫的“柠檬”一样，因为都是“混合”不分，所以被一视同仁，而只有“一种”价格呢？

可是，仔细想想，由第二类的商人所卖的“混合”型樱桃，事实上有点不同。既然这些商人可以拣，而不拣，很可能就是因为他们看到这几批樱桃成色不佳，不值得拣。所以，同是“混合”型樱桃，第二类商人卖的“平均质量”很可能比第一类商人卖的“平均质量”差。如果这个推论成立，同是“混合出售”的樱桃，第二类商人卖的价格应该会比第一类商人卖的价格低。

两位美国经济学者针对1983年里一千多次事务数据加以分析，他们发现：同是“混合出售”的樱桃，第二类商人的价格“确实”比第一类商人的低。也就是说，在信息不对等的情形下，只要根据这些“混合出售”的樱桃是来自于第一类或第二类商人的这个“讯号”，市场已经发展出一种机能来分辨樱桃的质量。因此，经过这么一番探讨，两位学者的结论是，“樱桃不是柠檬”！乍听之下，这句话似乎有点荒谬，但是如果了解背后的曲折，恐怕也会微笑颔首吧。

对经济学者而言，“樱桃不是柠檬”的结论，再一次证明市场机能有各取所需且能区分高下的威力。对于一般消费者而言，这段典故的启示是，只要市场发挥作用，就可以从“价格”上来粗略地判断商品质量的好坏。而且，更深一层的意义是，每一个人事实上都可以试着成为一个（小）市场，培养自己的判断力，然后再斟酌取舍、自求多福。

想一想，为什么你“总是”会去固定的水果摊、杂货店、医院、餐馆呢？是不是你也找到了一些“讯号”，也发展出一些判断力了？

在东南亚地区，很多华人做生意时，只和亲戚或熟人打交道；陌生人的生意，宁愿不做。原因也和信息不对称有关。很多银行在放款时，对长期往来的顾客，收比较低的利息。“熟客”，本身就隐含较多、较完整的信息。

诱因问题

当信息不完整或不对称时，往往引发出诱因的问题。最明显的例子：民主社会里的定期选举，其实本质上就是一个信息问题。如果信息是完整的，选民们毋须作定期检查，而是一开始就会选出一位最适当的人，然后能随时掌握他的所作所为。事实上，如果信息是完整的，根本就不会有选举制度，大家都会知道谁是贤能之士，而毋须以少数服从多数的方式来产生。

学校里的月考和期考、公司机关的年终考绩，以及媒体对官僚和民意代表的监督，都和信息不足下的诱因问题有关。要设计好的诱因制度，并不是简单的事。下面的故事，生动地反映了这一点。

诚实的价值

在上学校推广教育课的时候，讨论到诚实的意义。我表示“诚实”这种特性是具有功能性的内涵，是人际交往时可以利用的资产。

讨论时，有一位中年高级警官提到自己的亲身经历：几十年前读小学六年级时，有一天午休时间老师不在，大家嬉闹叫跳，吵到隔壁的班级。隔壁班的老师向自己的导师告状，老师下午上课时满脸铁青，要中午大声吵闹的小朋友诚实地站出来。年幼的高级警官和其他几位（不知好歹的）小家伙也不知道是基于什么理由，就诚实地走到教室前面。结果，老师一语不发，拿起木棍重重地打了每个人的屁股。诚实的小朋友疼痛难抑、面面相觑，其他没有自投罗网的小朋友强忍住先见之明、幸灾乐祸的笑意。

高级警官提起陈年旧事，声音里还有一丝嘲讽和不平；他现在的同窗当然毫不保留地笑出声来。

我不好再调侃他：经过这个中文版的“樱桃树的故事”之后，他得到的人生智慧是什么？（问高级警官这个问题，可能会让他再一次陷入说不说真话的两难！）我纯粹从学理上提出一点补充：对那些诚实而受罚的小朋友来说，老师的做法当然会有不好的影响。而且，更重要的是从老师的角度来看，这种做法在第一次可能会萃取出一部分真实的信息；可是，老师和学生是长期重复交往，老师下一次所得到的“讯号”将更含混不精确。因此，从政策规划者的角度想，值得思索各种典章制度、法令规章所隐含的“诱因问题”！

这是上课时发生的事；没想到，不久后的某天晚上，内人告诉我一个几乎一模一样、发生在儿子身上的事……

儿子的幼儿园上午去参观美术馆，中午到小公园里午餐。老师告诉小朋友：刚才在美术馆里自己觉得太吵闹、不守规矩的举手；这些小朋友吃过饭后不能去玩，其他的小朋友可以去玩半个小时。结果，只有儿子和另外一个小女孩举手；儿子说，在美术馆里还有很多比他更吵更闹的小朋友都没有举手。

内人问儿子自己觉得怎么样；他说，虽然看到别的（没举手的）小朋友可以去玩有点难过，可是老师称赞他和另外那位小女孩很诚实。所以，他觉得还好！

在短短的几天之内连续听到这两件事，我不禁兴味盎然地想从里面萃取一些人生的智慧。

高级警官的经历大概是坏得不能再坏的情况：诚实的小朋友

受到处罚，下次（比较）没有意愿讲实话；不诚实的小朋友从“先见之明”里得到启示，下次更不可能会讲实话；老师自以为对症下药、杀鸡儆猴，结果是下次无鸡可杀，而可能只好鸡兔同笼、牛骥同皂地一视同仁。没有任何人因为这次经历而得到正面的启发，事情只会往“较不好”的方向演变。

相形之下，儿子的经历可隐含了很多层正面的意义：诚实的小朋友是在知道后果的情形下，自己作的选择；而且，事后还意外地得到老师的赞扬。所以，以后还会继续说实话。不诚实的小朋友虽然有得（可以去玩），可是也有失（没讲实话的成本和没有得到老师的鼓励）；因此，可能有些人下次会愿意讲实话。老师事先就讲明处罚，得到一部分真实的讯号；处罚了举手的小朋友，但也给了他们别人所没有的奖赏。所以，下次很可能会过滤出更真实的信息。而且，有趣的是，老师对诚实的肯定为这件事添增了一个光明可喜的面向：老师等于是凭空创造出一种可贵的资产；不但在这一次事件上产生了正面意义，而且为未来诱发出更多好的价值！

几十年之后当儿子在课堂里面对诚实这个问题时，相信他会以不同的语调讲出和高级警官不一样的故事……

由这个故事，可以得到一些有趣的体会：在囚徒困境的例子里，人们面对的是交换信息的问题；所以，发展出了语言、文字、手势、表情等等。在樱桃树的故事里，人们面对的是信息不对称的问题；既然是“不对称”，就会有真假信息的问题。处理真假信息的问题，其实就是处理“诱因”的问题。

此外，在考虑制度和诱因的时候，要特别注意时间的因素。也就是，眼前有效的制度，长期来看未必有效。好的制度，是能经得起时间的考验，一直维持适当的诱因结构。

信息泛滥

当信息不足（不对称）的时候，会有人以提供信息获取报酬；中介公司、法律顾问、补习班、托福机构等等，都是如此。可是，在因特网的时代，信息如此充沛，甚至到了泛滥的状态，怎么办？

下面的故事，就是处理信息泛滥下的稀缺性问题。

给同学的一封信

同学如晤：

前两天，我陪家人一起到南部的垦丁度假；除了吃喝玩乐，也利用时间看了一本关于网络的书。

作者是网络专家，他把多年参与实务的观察所得，归纳出十大法则。书里有很多内容和经济学有关，我想刚好可以试着作一连接；一方面当作上个学期课程的回顾，一方面也作为对于你和其他同学期末报告的响应。

在书里，作者批评工业时代遗留下来的两个古董定理：一是价值来自稀缺；二是物品的数量增加以后，价值开始降低。可是，在网络经济里，价值是来自于无所不在的普及化。譬如，只有一部传真机时，既不能收又不能送；这部仅有的传真机几乎毫无价值可言。可是，一旦其他的传真机陆续出现，这部传真机所能发挥的功能显然愈来愈大。

在某种意义上，作者的观察确实发人深省；不过，价值不是因为稀缺而是来自于普及的现象，在网络出现之前就已经所在多有。电话、货币、度量衡，乃至于语言文字等等，都含有类似的特性：接受和运用的人愈多，这些媒介愈有价值。

但是，从另一方面看，作者所批评的“古董定理”，也并不见得完全无稽。山珍海味所以令人垂涎，是因为少有；如果每天都是鱼翅鲜鲍，自然食之无味。而且，即使在网络上，价值和稀缺性也密不可分。因为每个人上网的时间有限，所以能提供最便捷有效服务的网络，自然能吸引最多的人。

这么看来，两种观点之间似乎有点矛盾：有时候，价值是来自于稀缺性；有时候，价值又是来自于普及性。在表面上，这两种观点固然冲突对立；可是，由另外一个角度着眼，这两者并不冲突，而是反映了更高层次的通则——一件事物的意义，是由其他相关条件所衬托而出。在某些情况下，价值是来自于稀缺；譬如，钻石。在其他的情况下，价值是来自于普及；譬如，电话。因此，关键就在于我们所关心的焦点为何，衬托和支持的相关条件又如何。

事实上，这个观点正贯穿了上个学期的整个课程；我所反复铺陈强调的，就是一种简单明确的“分析方法”：我们所看到的各种社会现象，都不是凭空出现的；因此，值得以旁观者的心情和立场，尝试探究支持各种（即使是不合理的）社会现象的条件。

不过，虽然我认为自己所阐释的，只是社会科学里很平实的道理；对于推广教育的学员来说，却别有一番感受。也许过去一向是由风俗习惯和伦理道德的角度，认知和解读社会现象；因此，一旦碰上社会科学不带情感、冷眼旁观的特殊视野，就激起了很多涟漪。

在报告里，你和同窗们用了许多极其强烈的字眼来描述上个学期的课程：“您的教学，对我的冲击，有如石破天惊、大地轰雷”；“对经济学真有‘惊艳’的感觉”；“课堂上所勾勒的世界观，给我的内心世界带来很大的震撼；简直就是革命”。

看了你们的报告，我觉得很感动，也很欣慰。也许，就像一份报告里提到的：希望有更多的人，能有机会接触社会科学丰富的内涵，萃取大师们智慧的结晶，作为自己安身立命的依据！

因为班上同学很多，我不能一一响应，所以写了这封制式信。最后，让我套用一句名言作为结束。丘吉尔曾说：民主，其实是很坏的一种政治制度——除了历史上诸多被尝试过、也被扬弃的政治制度之外。对于社会科学研究者而言，我们是以理智来分析社会现象；因此，理智，其实是很难掌握、很不可靠的一种心情和态度——除了其他那些更率直和更原始的情怀之外！

敬祈

日新又新

熊秉元 敬上

当信息垂手可得、乃至于泛滥的时候，人们面对的是取舍的问题。在满船鱼和虾里，如何找出有价值的珍珠珊瑚？在本质上，这和逛夜市地摊（百货公司）时所面对的问题，有什么差别？

另一方面，故事里也透露出：在信息过多的情形下，处理信息本身就是一个信息问题。而且，人过去所面对的信息简单直接，大多可以凭自己的经验判断。（农业社会里，大家所拥有的数据库都相去不远。）在现代社会里，人所能直接解读的信息逐渐减少；因此，必须愈来愈依赖其他的人，帮助解读生活里的各种讯息。

结语

对经济学者来说，信息和诱因问题是充满了兴味和挑战的研究课题。对一般人来说，也可以从自己的生活经验里，体会到信息和诱因的重要。当各种科技（信息）产品和网络逐渐进入每一个家庭之后，每一个人都要面对信息取舍的问题。当环境变复杂（讯息过多）时，是不是在行为上会采取一些规则，以降低因应环境的成本？

经济学者是在1960年左右，就把信息问题纳入分析；这还算好。如果到因特网已经席卷全球时，还没有处理信息问题，这个学科就太令人失望了！不过，是不是还有其他重要的因素经济学还没有处理，有没有谁拥有这个信息？

第二篇

社会关系有“价签”

第六章

这种孩子，不养也罢

当妇女可以外出工作以赚取收入时，愿意生育的子女愈来愈少。如果子女就是父母天经地义的宝贝，子女应该和以前一样多才是！难道亲情友情爱情，背后也有成本效益的权衡？

自 1960 年起，经济学者开始向政治、社会、法律等其他社会科学伸出触角；现在，以经济学的分析工具探讨政治、社会、法律等问题，已经逐渐得到多数学者们的肯定。

在经济学往外拓展的先驱里，芝加哥大学的盖瑞·贝克尔（G. Becker）教授对社会学的影响最大。他曾经应邀在社会学系任教，把经济分析带进社会学，从根本上改变了社会学的面貌。从 2004 年起，他和波斯纳教授成立“贝克尔—波斯纳博客”（The Becker-Posner Blog），针对特定问题，分别执笔论述。读者们踊跃评述，他们再综合响应。对于知识分子参与公共政策的论述，他们树立了可贵的典范。

虽然贝克尔后来得到诺贝尔奖，可是当他刚开始以经济学分析社会问题时，却受到社会学者（还有不少经济学者）的讨伐。最明显的例子，是贝克尔指出：父母在考虑要生几个小孩时，会有成本效益的考虑！把生孩子这种神圣自然的事和上街买菜时的斤斤计较画等号，经济学（者）真是不讨人喜欢！

在这一章里，我将由经济学的角度，分析伦常关系的意义，以及伦常关系变化的性质。

伦常的意义

除了在学校里教大学生和研究生，我曾经在学校的推广教育教了很多班次，学员们都是各级政府的行政人员和民意代表。我教的就是经济学的基本概念，以及在公共政策上的应用。学期末，我都会请他们写一份心得报告。

有许多次，已经年过四十的学员会在报告中写道：课程里指出伦常关系是一种“工具性”的安排，具有“功能性”的内涵；听到这种观点，觉得原来的世界观受到震撼，好像地面突然从自己脚底崩陷下去的感觉！

我觉得有点意外，因为我认为自己阐释的是很平实而合理的概念，没有想到激起的不是涟漪，而是滔天巨浪。不过，他们也总会表示，一旦了解和接受这种观点之后，周遭的世界会变得更真实丰盛。

下面的故事，就是试着由经济学的角度，对伦常关系的意义作一新解。

无所不在的竞租

大约从1960年开始，经济学者开始向其他的领域伸出他们的触角；经济学向政治学的扩充，就是“新政治经济学”。在这个研究领域里，已经累积了相当可观的智慧；“竞租”的观念，无疑是其中非常耀眼的一颗明钻。不过，要体会竞租的意义，还必须从更基本的“经济租”开始。

无论是东西中外，在体坛歌坛影坛里，都有一些超级明星。这些天王天后们打一场球、开一次演唱会、演一部电影的报酬，可能是一般市井小民数十年的血汗所得。可是，打球唱歌演戏的成本其实很低，而收入却比天高。在收入和付出之间，就是这些天之骄子们得到的“经济租”。

当然，享有经济租的，不只是演艺和体育界的超级巨星；在日常生活里，“经济租”的现象也无所不在。麦当劳和可口可乐，都是现成的例子；厂商的收入，要远超出生产这些产品的成本。因为企业家冒险犯难的精神，所以厂商们享有可观的经济租。

有趣的是，不论是超级巨星或成功的商品，只要有经济租，就会有人见贤思齐。因此，千千万万的青少年勤练体能歌艺，希望成为第二个乔丹、第二个麦当娜；同样的，汉堡王和百事可乐，可以说都是试着攫取经济租的“竞租者”！

不过，在市场里，经济租通常是自然而然出现的；特殊的人或厂商，凭着个人的天赋或努力，创造出令人艳羡的经济租。但是，在政治过程里，经济租往往不是自然而是人为的：利益团体借着各种方式的游说，可以通过立法创造出“经济租”。譬如，如果农民团体经过游说通过立法，限制农产品进口；那么，这些农民团体当然可以享受到收入高于成本的“经济租”。然而，这种经济租是人工产物，而且是在一群人得到利益的同时，却由其他（更多）的人承担成本。当然，其他的利益团体有样学样，也会希望能通过特殊立法，享受经济租。

因此，在经济活动和政治过程里，都有竞租行为。不过，市场里的竞租行为带来好处，使消费者有更新更好更便宜的产品；在政治过程里，竞租行为本身耗费无谓的资源，特殊立法的结果也往往是劫贫济富！不过，在市场的竞租和政治过程的竞租之间，还有一种很特别的竞租——人际间的伦常关系。

以父母子女之间的关系为例，原有的关系可以说只是生物上的偶然；除非经过后天长时间的相处培养，否则不一定有特别的情感。事实上，人类学家曾发现，在某些原始部落里，幼年孩童是由所有的成人们共同照顾；因此，有许多的爸爸妈妈。不过，在大部分的社会里，不论是基于生物上繁衍基因或其他的原因，父母子女之间发展出一种非常特别的关系。父母对子女无怨无悔、死生不计的付出精神、物质和心力时间；子女也对父母有着孺子之慕和殁身难报的情怀。

可是，站在旁观者的角度来看，父母和子女之间的情感也有经济租的特性——一旦形成，收益要大于成本；因此，父母子女不一定每天都熙熙融融，但是只要“父母”或“子女”这两个字眼在脑海浮现，总会引发一种特别的、紧密的、愿意付出的情怀。

而且，抽象地看，为了怕其他的人也来竞租，因此在概念上会发展出特别的符号：“父母”和“子女”是不同于“朋友”、“邻居”、“长官”等等。不过，正因为父母子女之间隐含经济租，所以还是会有一些竞租者——在某种意义上，认干爸干妈、义父义子不就是不折不扣的竞租行为吗?!

仔细想想，“久病床前无孝子”这句话，是不是意味着经济租已经慢慢消失不见了?

乍看乍听之下，伦常关系像工具有其功能，这种说法很吓人。可是，稍微深究，这种描述不但是对伦常关系的一种礼赞，还为伦常关系提出学理上合情合理的解释。稍微想想，人在进化的过程里，最早不过是一堆血肉；为了繁衍自己的基因，自然会设法慢慢发展出一些工具性的安排，这当然包括实际的作为和思想上的配套措施。

因此，对伦常关系一种自然而然、根深蒂固的认定，正反映了伦常关系的特殊和重要。所以，思想上或潜意识里，值得在演化的过程里作特殊处理。这就像在五金店买工具一样；如果是昂贵重要的工具，通常要包装紧密。如果是随手可丢的工具，自然毋须作特别的维护。

伦常的雕塑

父母子女亲戚宗族这些关系，当然是经过长期（可能数十万年）的演变，而逐渐形成的。要回头细数这个凝结过程的点点滴滴，显然并不容易。不过，相形之下，朋友算是一种后天形成的关系。由朋友形成的过程，或许可以间接感受到，血缘关系的雕塑可能也是受到同样力量的驾驭。

下面的故事，就是对朋友间交往的分析。

问情是何物

三十多年前读大学时，读了一本社会心理学的书，约略记得其中一段有趣的描述：社会学家发现，在调查“谁是你最好的朋友?”这个问题时，有相当多美国人（忘了详细的数字）的回答是：“自己最好的朋友，是隔壁邻居!”

当时觉得很有趣，也觉得有点意外，不过没有多想。多年后，自己成为专业的经济学者；再想起这个发现时，当然有不一样的体会。

稍微想想，因为老天爷有眼，所以把气味相近、情投意合、王八绿豆、肝胆相照的人，两个两个的安排比邻而居；这种解释，未免太神奇无稽了一点。因此，我们需要一点比较合情合理（比较合乎成本效益?）的解释!

对于比邻而居的两户人家，因为碰面交往的机会多，自然比较容易彼此了解，包括优点和缺点。因为了解，也就比较能将心比心，比较容易欣赏别人的优点和包容对方的缺点。因此，日久生情的，多半是常在一起的人。而且，更重要的是，每个家庭都有需要别人帮忙的时候。这时候，远水救不了近火，远亲不如近邻；能够帮上忙的，通常正是（不起眼的）邻居。彼此雪中送炭多了，自然容易患难见真情。

从另外一个角度来看，在某种程度上，人大概总有群居的生物本能；人需要朋友，需要感情上能彼此依恃、生活上能互相扶持。小时候，自己的父母手足无疑是最佳人选；可是，一旦长大成人，要和父母手足维持紧密的关系并不容易。相形之下，邻居就在身边，最容易提供精神上和实质上的支持和济助。

当然，在这些明显的理由之外，还有一些隐而不见的因素也发挥了作用。因为比邻而居，所以自然天天碰面，也少不了会有一些利害与共的事——花园草坪相连、树木延伸过界等等。如果彼此形同陌路，不但丧失了彼此支持的可能；而且，要处理这些共同事务，变得麻烦许多。换句话说，邻居之间彼此关系不好的成本很高，对双方都不好。因此，在所有这些直接间接、有形无形的因素影响之下，很多比邻而居的人会有意识无意识地衡量这些利弊得失（成本效益），然后“自然而然”地成为最好的朋友。

这么看来，“人是环境的动物”其实是很模糊粗糙的说法，“人是成本效益的动物”才是精确平实的描述！事实上，由成本效益的角度，才能解释为什么人会随着环境变化而调整行为：一方面，万物之灵的人会辨别环境里各种因素对自己的影响，然后有意无意地作出对自己最有利的取舍；另一方面，当环境里的条件发生变化时，人也会根据新的相关因素调整自己的举止。

因此，即使都是比邻而居，彼此的交情也并不是一成不变的。在一个都是平房的小区或村落里，邻居之间见面的机会多，自然容易成为好朋友。可是，如果是在几十层的公寓大厦里，邻居十天半个月碰不到一次，彼此成为点头之交的可能性自然比较大，而成为最好的朋友可能性也自然比较小！

其实，点破（或戳破）人情交往的世俗面，有很正面的意义。就是因为体会到人的脆弱和局限，所以反而可以更平实地面对人际交往。人不但能够珍惜眼前所拥有的各种“情”，也可以更坦然地面对情随事迁时的变化。而且，更抽象地来看，恒久和客观的价值并不存在；有的，只是人们主观上所认定的价值。既然价值是自己主观上所决定的，当然可以（值得）小心取舍自己所选择和培养的价值。

想一想，为什么小朋友们往往会认为“自己的爸爸最伟大”？但是，长大之后呢？

也许有人会说：“为朋友当然是两肋插刀、义无反顾”，哪里有成本效益的考虑！

可惜的是，讲话的人通常只是讲话而已，毋须真正面对考验。每个人只需要问自己一个简单的问题：是希望自己升迁，还是希望自己的（好）朋友升迁？大部分的人会说：希望自己升迁，然后再帮朋友升迁！很少有倒过来的。

常有学员告诉我，慢慢地，他们也可以接受经济学对伦常亲情友情等的解释。可是，心里总是觉得怪怪的，好像经过经济学的放大镜，原来视为理所当然的，竟然只是血淋淋成本效益作用的结果。又好像所有的面纱衣物都被除去，只剩下赤裸裸的一丝不挂。虽然真实，但是有点残忍和令人难过。

我的解释（也是自己思索挣扎之后的心得），刚好倒过来：一旦体会到血缘亲情的真实和原始，反而能加倍珍惜这种特殊的关系，也更能体谅和宽容人的局限与脆弱。

与草木争荣

关于伦常关系的雕塑，不论是血缘亲情或非血缘的朋友，通常是不自觉、潜意识、顺其自然下所逐渐形成的。（当然，谁也不能否认，到处都有人在处心积虑地设计友谊和亲情。）

不过，一旦把伦常关系追根究底地剖析之后，是不是可以有意识地作一些调整？换一种说法，如果可以由自己重新来安排各种人际关系（包括伦常），那么哪一种结构、哪一种亲疏远近最理想？

这么一问，我们似乎真的不知道答案是什么。似乎，浑浑噩噩地过日子也没有什么不好，何必跟自己找麻烦。不过，由这些问题也可以（再次）反映出，人其实真的很脆弱，所能够掌握的东西非常有限。欧阳修在《秋声赋》里也提醒人们：奈何以非金石之质，欲与草木而争荣？

也许是吧！然而，全面重组的问题确实麻烦，相形之下，局部调整的做法也许容易一些。下面的故事，就是经过理性思维，关于维系和培育伦常关系的一种反省。

疏离的眷恋

几年前，在偶然的机缘下，我写了一篇论文，题为“经济学对《金刚经》的阐释”；主要是利用经济学里一些基本的分析概念，解释《金刚经》的核心思想。写完之后，自己觉得兴味盎然。一方面把经济学的领域往外扩展，究人神之际；一方面为佛教经典的思想提出合情合理的解释，享受到智识激荡所带来的火花。

既然自觉稍有心得，所以以后在课堂上和在校外演讲时，也偶尔会对《金刚经》作一番演绎……

《金刚经》里反复论述的核心观念之一，是“离相无住”：我们所以会有情绪上的喜怒哀乐，是因为自己对所看到的现象赋予不同的意义。因为，对自己升迁晋级，会非常高兴；在街上被别人猛推一把，心里顿时升起一股无名火。可是，事情的意义其实是相对的。如果升迁晋级不但表示位高钱多，还有忙不完的事和永不止歇的压力；那么，升迁未必可喜。同样的，如果被猛推一把是为了避开疾驶而来的汽车，愠怒之后会是更多的感激和懊恼。因此，事物本身并没有意义，所有的意义都是被充填、被赋予的。

一旦体会到这一点，就可以试着挣脱对表相的执著——离相；如果外在的事物不值得执著痴迷，自己内在的世界也就不需要被喜怒哀乐或其他任何情绪所盘踞——无住。既然不会被外在的现象所干扰，也不会执著于任何心智的状态；所以，离相无住，就好像心情已经“归零”——一种心如止水的状态。

可是，能够达到这种境界的人毕竟不多。对于你我这种一般人而言，生活里有太多的事要操心处理；因此，心情上也总是不由自主地会起起伏伏。不过，虽然达不到心如止水的境界，“疏离的眷恋”可能是一种退而求其次的目标。

对于自己的家人，每个人总有一分特别的情感，尤其对年幼的子女。看到小朋友天真烂漫的表情和活泼自然的举动，总忍不住要拉到怀里、揉揉捏捏。虽然心情上希望小朋友们永远就停在这个时点上，永远是这么可爱；可是，在理智上却清清楚楚知道，小朋友会很快地长大。随着年龄的增长，他们会渐渐有自己的个性、自己的想法。很快地，他们会长大成为他们自己。因此，如果把全副的心思情绪都寄放在儿女的身上，一旦时空变化，自己渐失所倚，往往就会落得满腹惆怅。

所以，如果在眷恋的同时，能保持着一种疏离的情怀——疏离的眷恋——长远来看可能结果更好。因为在眷恋的同时，心情上对自己有所提醒，所以反而更能珍惜眼前的此情此景。因为是带着一种体谅情怀的眷恋，所以情随事迁之后，并不会感慨丛生。当然，对年幼的子女是如此，对家人、同事、朋友（乃至于自己）都可以保持着一种类似的情怀——在经历喜怒哀乐爱恨情仇的同时，意识到这些情绪起伏的相对意义。

对有些人而言，可能不愿意对生命有任何的保留。因为，没有情绪低潮时的黯淡晦涩，就不能衬托出兴致昂扬时的亮丽和悦；对光明的期待和追求，是支持自己度过黑暗的力量。如果一直保持一种冷眼旁观的矜持，不是辜负了生命乐章自然而原始的脉动吗？

的确，对不同的人来说，自然会有不同的取舍。有人喜欢看波涛起伏的海浪，有人欣赏清静如镜的湖水。对于外在情境的取舍固然不同，对于内在心境的斟酌也有分别。不过，和顺其自然、随波起伏相比，疏离的眷恋代表的是一种心境上的可能性——一个人可以有意识地提醒自己，用一种经过自己思维选择的心境，去面对生命里的点点滴滴！

虽然我对《金刚经》的思想非常折服，可是在写完那篇论文之后，我却没有再接触佛教的其他典籍。在某种意义上，这或许也是一种疏离的眷恋吧！

当然，心情上要选择自然起伏、承担风暴，或者选择抚平波折、恬淡自得，每个人都会有自己的想法。不过，单单是知道人有选择的可能性，已经是挣脱了一种亘古以来的束缚吧！

旁观者的心情和视野

每次我在课堂上讨论到伦常关系这个主题，而且由经济学的角度加以阐释时，总有人（几乎是义愤填膺地）提出反驳：有的父母舍身到火场救子女，有的父母耗尽心血、金钱，照顾已成为植物人的子女；由经济学的角度看，这些人难道都是傻瓜吗？

这些父母的行为，当然令人打从心底尊敬。不过，如果我们把焦点从这些极其少数的事例上移开，看看其他一般人。每天报纸上有多少受虐儿童的报道，甚至被自己亲生的父母凌虐至死。为了宣泄自己的情绪，曾经把气出在子女身上的父母又有多少？

平心静气地想，贝克尔教授以经济学分析家庭，其实非常有启发性。他把家庭看成是一个小的经济组织，然后探讨这个经济组织之内的生产、分工和消费。他发现，这个经济组织的变动，会明显受到市场经济的影响。只要平实地回顾过去几十年的发展，立刻可以看得出两点显著的变化：一方面，当妇女可以外出工作以赚取收入时，所（愿意）生育的子女愈来愈少。如果子女就是父母天经地义的宝贝，子女应该和以前一样多才是！另一方面，都市化的发达，使许多家庭由乡村移往市区。人口集中后，居住空间缩小，市区的房价上升。因此，和住在郊区的家庭相比，都市里的家庭子女数比较少。这不就是受到经济力量影响直接的后果吗，难道还有其他更合情合理的解释？

哈佛大学法学院的讲座教授拉姆齐尔（M. Ramseyer）是日本通，他曾研究日本历史上的劳动力市场（包括艺妓），得到很多有趣的发现。其中之一，是童工契约的变化。在18世纪以前，日本还是以农业为主的传统社会。佃农人数多而收入低，因此在生活压力下，往往向地主借钱，而把子女当作担保品。如果到时候无力偿还贷款，子女就留在地主家工作三年、五年、八年不等。

有趣的是，当日本开始受到工业化的影响之后，都会区逐渐形成。和农村相比，都市里的就业机会较多；因此，人口的流动性也慢慢增加。不知不觉地，担保品的价格下降；父母不再能和地主签下五年或八年的契约，最多是两三年。原因很简单，如果是长期契约，子女往往以脚投票，逃跑到都市里去也！因此，父母对子女的影响（约束、操纵）力，确实会受到经济力量的左右。这就又间接证明了贝克尔教授的理论：家庭里的各种关系，其实都含有（也许是隐晦的）成本效益的考虑。

结语

家庭，可以说是人类最古老的组织或制度。在蛮荒原野、遍地狼犬的环境下，家庭这个制度的形式、内涵和变迁，自然会受到环境里各种条件的影响。为了求生存繁衍而趋利避祸，不就是基于成本效益的考虑吗？

经过长期的演化，家庭里的伦常关系衍生出许多道德的成分。因此，可以对不起陌生人，但是不能对不起家人。不过，在某种比较抽象的意义上，这不正表示家庭里的伦常关系太重要（利益太大）了，所以要以特别的方式来维护吗？

经济学，并没有把家庭和伦常关系庸俗化；相反，经由经济分析，我们可以更平实但也更深刻地体会到家庭和伦常关系的奥妙和可贵！而且，一旦（勉强）接受了经济学对伦常关系的解释，就可以试着利用同样的分析概念，去探讨其他的社会组织和社会现象。经济分析的重点在于分析的特殊角度，而不在于得到某些特定的结论而已！

第七章

大道之行也

纽约曾发生过一件著名的凶杀案。一夜行女子在住宅区受到歹徒袭击，惨叫声持续了二三十分钟，几十户居民都听到了叫声，但奇怪的是，竟没有半个人打电话报警。举手之劳就这么难吗？为什么几十人“都”袖手旁观？

过去在美国读研究所时，我的指导老师之一曾经半开玩笑半认真地提醒我：不要和社会学者走得太近，否则会受到其他经济学者的轻视！原因无他，经济学者对自己的学科非常自豪，认为是和自然科学一样的“科学”；然而，社会学和其他社会科学只是讲讲故事而已，说不上是科学。

当时对社会学了解很少，也不太在意。等到拿了学位几年之后，接触一些社会学的论著，也教过经济社会学，才稍稍体会到社会学的内容和趣味。在很多时候，经济学家和社会学家可能使用不同的语言，所处理的却是同样的问题。

在这一章里，我将先比较经济学和社会学的分析方法；然后，我将利用经济学的分析概念，处理社会学里的重要课题——如何由一个个的家庭，组成小区和社会？

方法论上的差别

一般来说，社会学和经济学处理的问题都是人的行为和社会现象，但是在研究方法上，却有相当明显的差别。下面的故事，除了描述经济学和社会学在关心焦点上的差别，也间接烘托出社会学分析方法上的特色。

内敛的浪漫

要读老高的文章作品，最好认识他；如果读的时候不认识，读完之后大概也会想认识他。“老高”，当然是指“北叶南高”里的高承恕教授——他和叶启政教授是台湾社会学界的南北两大龙头。

自从认识老高开始，我就断断续续地思索：社会学和经济学到底有哪些不同？社会学家和经济学家到底有哪些不同？经过这些年的阅读和思索，我大概有一些心得。

在研究的问题上，经济学着重在个人、家庭、厂商这些个体问题，以及整个社会的物价、就业水平等总体问题；相形之下，社会学的重点比较偏向小区、社会化、宗教等等这些介于个体和总体之间的“中间领域问题”上。

在研究的方法上，经济学是以个人或厂商为基本的分析单位，然后再加总成为市场或产业；无论是厂商或个人，经济学都一以贯之的运用“理性选择模型”。相形之下，社会学的理论，通常是指韦伯（M. Weber）、哈贝马斯（J. Habermas）、涂尔干（E. Durkheim）等人的理论；社会学本身并没有一以贯之的方法论。

因为研究主题和分析方法的差别，所以连带地使社会学家和经济学家也颇不一样。因为有一致赞同的基本架构可以依恃，所以经济学者总是冷眼旁观地和分析对象保持距离。因为没有固定的分析模式，所以社会学者通常因地制宜，根据问题的特性决定分析的架构；对于分析的对象，也往往将心比心地融入其中。

由于这些因素使然，经济学和社会学的桂冠也各有特色。像诺贝尔奖得主布坎南（J. Buchanan）、贝克尔、科斯等人，都是因为成功地运用经济学的工具去探讨政治、社会、法律问题而获奖。而社会学里的经典之作，往往是能画龙点睛般地反映某个特定时空、特定社会、特定现象的个案研究。格兰诺维特（M. Granovetter）1974 年出版的《找工作》是如此，贺希曼（A. Hirschmann）1970 年出版的《退出、呼吁与忠诚》也是如此。一个社会学者的才情和学养，就反映在他对问题的选择，以及他处理问题的手法上。

由这两方面来看老高的《老板娘》这本书，就不难体会出“南高”的功力。首先，当然是“老板娘”这个主题。任何在台湾生活过一段时间的人，都知道“老板娘”不只是老板的“牵手”，而且是事业上的伙伴，并且是多种不同身份的揉合：是老板最信任的助手，也是老板不在时发号施令的人；是工作内容最繁杂的人，吃喝拉撒睡都要管，但绝大部分不支领薪水；事业顺利的时候不能居功，事业不顺的时候却是最后的精神堡垒。

因此，老板娘的称呼带着一份亲切，也带着更多的尊重。这是以中小企业为主的台湾经济特有的现象：在大企业里，没有老板娘；在中小企业没有蓬勃发展之前，也没有老板娘。所以，虽然老板娘不会见诸任何正式的统计资料，但是在台湾中小企业的经济活动里，却有关键性的地位。能把“老板娘”当作研究的主题，确实是慧眼独具！

我相信，老高在心血来潮、灵机一动地定下“老板娘”这个好题目之后，心里一定暗暗得意了好一阵子。不过，有个好题目，只是开始，内容更重要。

对于老板娘这个主题，老高引用了大量的访谈资料；一方面让老板娘们亲口说出自己的故事；一方面适时添上相关的学理分析。然后，在穿插夹叙之下，编织成一幅完整的“老板娘”画像。而且，在烘托老板娘的各个面向时，老高用的是散文诗一般的文字。平淡无奇的形容词一经组合，散发出触人心弦、令人悸动的情愫；读者所有的感官都被启动，随着情节的进展而起伏张缩。老高驾驭文字的造诣和遣词用字的细致，令人惊异、也令人折服。

当然，作品反映作者。老高的个性，是内敛的浪漫；对事执著，对人真诚。在学术工作上，自然而然地流露出这两种特质。看着看着，认识老高的读者会不自觉地赞叹：斯人也，而有斯文矣！不认识老高的读者，大概会很好奇地问：是什么样的人，会以这种方式来讲故事？

《老板娘》这本书，相信会激起许多老板和老板娘心里的涟漪，也会引发更多识与不识者的回响……

由故事里清楚地反映出，经济学者在分析社会现象时，通常是用同一套架构。因此，在方法论上就有一以贯之的优点（和缺点）；相形之下，社会学者在分析社会现象时，则是视问题而因地制宜。所以，在方法论上也就有量身定做、因势利导的优点（和缺点）。

不过，诺贝尔奖得主斯蒂格勒曾说，他希望自己的研究成果是“客观、正确而有趣”（objective, accurate, and interesting）。因此，其实不论是由社会学或经济学的角度来处理问题，只要阐释得宜，都会有智识上的趣味和收获。

大问题

在纽约的治安史上，曾经发生过一件非常著名的凶杀案。一名夜行女子，在宁静住宅区的马路上，受到一名凶狠的歹徒袭击。歹徒用尖刀一再刺杀女子，而她凄厉的惨叫声在夜间传得特别远。很奇怪也很可惜，在歹徒长达二三十分钟的攻击过程里，竟然没有半个人打电话报警。

女子终于伤重而死，但是这个事件引发了许多研究；大家想探讨的关键问题之一是：为什么没有人报警？事后，经过地毯式的访查，在附近的居民里，有几十位承认，他们确实听到女子的哀叫和求救声。因此，只要在这几十位民众里，有任何一位拿起电话，那名女子就可能不致送命。可是，为什么没有半个人做这举手之劳的事？为什么几十人“都”袖手旁观？

当研究人员问附近居民，为什么没打电话时，他们一再听到同样的答复：“因为听到求救声的人那么多，所以别人一定已经打电话报警，自己也就毋须多此一举！”居民们的回答当然很平实无伪，不过却留给社会科学研究者更多的问题。

不戴警徽的警察

如果你和几位朋友坐在路边的长椅上聊天，眼前走过一个年轻的妈妈带着自己的小男孩。小孩边走边剥开一颗糖果，然后把糖果塞进嘴里，再把糖果纸随手一丢；没想到，大人竟然没有制止或纠正小孩，两人继续往前走。

你和朋友们目睹了这一幕，也都不以为然；但是，有没有人会出声，提醒大人或小孩呢？当警察不在场、不能维持法律和秩序时，其他的人会不会负起责任呢？

如果你或朋友之一出声，提醒大人或小孩，就发挥了维系法纪——善良风俗习惯的制度化——的作用。而且，一方面因为戴警徽的警察和法官有限，不可能无所不在；另一方面，绝大部分的风俗习惯并不是法律（吃饭时，嚼东西不能太大声；讲话时，口水不能四射，也最好不要有口臭）。因此，对于法律和善良风俗习惯的维系，其实主要是要靠没有佩戴警徽的警察；也就是要靠一般的社会大众。

因此，如果你或朋友之一发出不平之鸣，问题马上得到解决。（当然，还要假设大人和小孩愿意接受纠正。）有趣的问题是，如果你忍住没有行动，朋友们也都没有表示，麻烦就来了。这时候，问题已经不再是大人和丢糖果纸的小孩，而是你和朋友们了。因为，任何一个袖手旁观的人，本身已经成为违反善良风俗习惯的违规者——因为袖手旁观。而且，对于这个违规者，这些旁观者彼此之间也没有出声指责或用眼神谴责：你没有提醒大人小孩，是不对的！也就是，大家都成了另一种罪行的共犯。

当然，这个故事可以延续下去。不过，重点在于：要维持公序良俗，需要两种惩罚或制裁。第一种制裁，是对那些违反公序良俗人的制裁；第二种制裁，是当第一种制裁失效时，有人会制裁那些没有尽责维系公序良俗的人！这两种制裁必须彼此搭配，才能维系社会的公序良俗于不坠。

在纽约的凶杀案里，居民们都待在自己的房子里，彼此并没有接触；当凶案发生时，没有人报案，也没有人谴责没有报案的人。两种制裁同时失去作用，惨案于焉发生，事后留下许多挥之不去的自责和愧疚！

社会资本

对于听到受害女子叫声或看到孩子随手抛下糖果纸的人，他们马上面对的问题是：要不要挺身而出？也就是，自己要制裁还是不制裁？无论是第一层次的制裁或第二层次的制裁。

可是，人只会做对自己有利的事，即使要承担成本，也通常不会承担太多的成本。所以，在凶案的例子里，听到喊叫声的居民可能会想：大概别人会打电话；而且，如果自己打电话，万一警察事后要我作笔录、甚至出庭作证，多么麻烦？看到小孩丢下糖果纸，如果自己出声，大人可能相应不理、甚至白眼或恶言相向；自己的朋友也可能会调侃一下：何必多管闲事？并且，在这种情形下，一旦没有人出声提醒大人或小孩，众人马上面对第二层次的违规和制裁问题：你和朋友会不会彼此指责，不应该没有任何表示！对任何人而言，无论是处理第一层次还是第二层次的问题，都要承担某种成本。

换句话说，不管是在哪一种情形下，要能解决（或克服）这些问题，必须当事人觉得愿意挺身而出；也就是，无论是在当时还是事后，采取行动的人会觉得有诱因这么做——或是自己肯定自己，或是能得到别人的肯定。当然，如果环境里大家都路见不平和见义勇为，自己自然比较容易也见义勇为；如果环境里大部分的人，在大部分时候都是袖手旁观，自己自然也比较不会有所举动。

可是，所谓“大家”，其实就是由一个个的“你”和“我”所组成。如果你我不见义勇为，自然“大家”不会见义勇为。因此，这就变成蛋生鸡或鸡生蛋的循环难题。

下面的故事，描述的就是不同社会里的社会资本。

资本论

最近花了一个多月的工夫，看完了九百多页、像块砖头的一本社会学论著。作者是美国著名的社会学者科尔曼（J. Coleman）教授，他采用的却是经济学的分析工具。以个人为分析单位，在人是“自利”和“有理性”的假设之下，探讨各种社会现象。

放下那本书已有一段时日，但书中有一个观点常常在脑海里浮现：谈到人际关系时，作者指出，如果某个社会里人与人之间彼此有基本的互信；那么，社会上就存在着一种“社会资本”，这是一种人们可以依赖、可以利用的资产。

譬如，书里说，如果一对年轻夫妇是在纽约市生活，那么他们一定不敢让幼龄子女自己在外面街巷附近玩耍。原因很简单，纽约这个大城市里人际关系淡薄，同一栋公寓里的邻居老死不相往来；街巷之间毒品犯罪泛滥，谁也不知道什么时候会有横祸飞来。相反，如果这对年轻的夫妇是住在美国的盐湖城。那么，在那个宗教气氛浓厚的环境里，街坊邻里彼此都认识，不用担心小孩子会被坏人拐走；万一有大小事故，街坊邻居也会彼此照顾。所以，自然而然可以放心让小孩子出去玩耍。

“社会资本”的概念对经济学者有很大的启发性；经济学里研究的多半是厂房、机器等这些有形的、具体的“物质资本”，最多是加上对“人力资本”的探讨：借着教育、在职培训等，可以提升人力资本。当充沛的人力资本和良好的物质资本结合之后，就可以创造出丰硕的果实。可是，“物质资本”是有形的，“人力资本”是藏诸于个人的，而“社会资本”则是无形的，是积蓄在人和人之间的。

“社会资本”当然不只是一个人对环境的熟悉或心理上的安全感，也可能是一种对别人、对典章制度的信任。

在美国有些地区，为了解决中低收入户住的问题，就设计了一套“平价住宅”的方案。凡是建筑商推出建筑个案，必须保留10% ~15%的单位，以远低于市价的价格卖给（租给）符合条件的中低收入户。因为符合条件的中低收入户可能有很多，所以就由建筑商依申请书到达的先后，依次序分配。一切的程序全部是由建筑商一手处理，政府完全没有介入。但是，也没有听说有谁怀疑，建筑商会有动手脚或不公正的情事。在那个环境里，显然有相当的“社会资本”！

物质资本和人力资本都可以靠着点点滴滴的储蓄而逐渐形成。可是，是哪些因素使一个环境里能慢慢地累积“社会资本”？还有，是哪些因素能使一个社会的“社会资本”不致于耗损消逝？

有一位朋友的女儿已经读初中，但是他每天还是亲自陪她上学、接她放学。显然，他认为现在我们这个环境里并没有什么社会资本可言。不过，不知道他将来会不会陪女儿上高中、上大学；或者说，什么时候他才会放心地让他女儿到社会上去闯荡。

在一个社会资本很充沛的环境里，人们一方面享受现有的社会资本，一方面本身也呵护和灌溉社会资本。相反，在一个社会资本贫瘠的环境里，没有多少资源可以依恃利用，人们当然也比较没有意愿付出和投入。在这种情形下，自然也不会有太多的社会资本。

好价值的由来

当然，每一个人都神往有充沛社会资本的世界；可是，在哪些条件下，才会有丰饶的社会资本呢？由一个小的环境开始分析，可能要比较容易一些。一个家庭就像是一个小规模的社会，有人际交往的问题，也要面对公序良俗、违规和制裁的问题。但是，一般而言，家庭里有相当充裕的“社会”资本；需要济助时，家庭成员总是可以依赖其他的成员。而且，一旦有人违规时，彼此也比较能自然而毋须担心后果地提醒和纠正违规者。

除了血缘关系，是哪些因素使家庭里可以孕育出丰饶的社会资本呢？（血缘因素其实并不是关键，如果一家大小分居四方，也不会有机会培养社会资本。）

首先，是人数少；其次，是环境小；最后，是重复交往。这三项因素隐含的是，家庭成员们会持续频繁地互动，因此能使奖励惩罚的机制发挥作用。而且，彼此都能互相观察和交换信息，使奖惩机制的运作更为有效。

相形之下，小农村和大城市的情形可以作一对照。小农村里容易有淳厚的民风，彼此互通有无和守望相助，就是因为符合了环境小、人数少、重复交往这三个条件。在大城市里，连公寓大厦里的隔壁邻居都可能形同陌路，十天半个月或更久才照面一次。人数虽少、环境虽小，但是没有重复交往。因此，自然不容易像小农村般的“有人情味”——人情味，其实就是一种社会资本。

但是，即使都是大城市，为什么有些大城市比较整洁，有些大城市却脏乱无序？有的大城市里人们比较有公德心，别的大城市里却不然？为什么？

虽然大城市不符合“环境小”的条件，但是大城市也是由一个个的小环境而组成。如果在各个小环境里，能先孕育和维系相当的社会资本；当一个个的小环境编缀而成大环境时，也许仍然能维持某种程度的社会资本。当然，由小环境过渡到大环境并不容易，需要相当长时间（可能是几百年的光阴）来酝酿。

下面的故事，反映了在快速都市化的环境里，培育社会资本的曲折。

价值的凝结

也许吹毛求疵、存心找碴是学者的职业病之一，我常常不自觉地质疑报章杂志上映入眼帘的文字和叙述。曾看到两个相近的名词——“生命共同体”和“命运共同体”——心里觉得有点疑惑，但又没有深究。某日下午待在研究室里，没有特别的事，就打定主意要好好想一想，这两个名词的内涵到底是什么？

我先想到了当天早上的一幕：我住在学校的宿舍里，是五层公寓的顶楼。因为是一梯两户，所以楼上楼下共有十户，住的都是学校里的老师。这十户里，我认识的只有四楼的老马，我们以前在美国留学时读同一所学校。其他的老师都和我不同学院，原来也都不认识；住进来之后，也只有在楼梯上迎面遇到时才点头打招呼。当天早上下楼时，刚好有一位楼下的老师正要出门。不过，虽然我就在他后面相差不过四五步，他也听到我的脚步；但是，他并没有回头打招呼。我们一前一后下了楼梯；他进地下室的车库，我从大门离开。

我心里有一点点的遗憾，但并不特别难过；这不是头一回，类似的情况已经出现过很多次。不过，我的情形大概也不是什么特例，在都会区里这应该是常态。我起码还知道住在同一栋公寓里的人都是学校里的老师；以前住另一间公寓时，有三四年的时间我不知道住在正对面的人职业是什么。

虽然我跟近在咫尺的人形同陌路，却跟相隔两地的朋友热络得很。我住在台北，可是在高雄和台中都有非常好的“斗友”——抽烟斗的朋友。认识他们是因为烟斗，熟了以后也就天南地北、家庭人生的无所不谈。我们不常碰面，也少联络，有时候半年十个月不通半个电话；但是，一碰面、一接电话，马上熟稔得很。有事需要支持，往往是接到传真之后立刻动员。

两相对照，显然有点意思：我和住在同栋公寓里的人并没有福祸与共的感觉，却因为嗜好而和百里之外的人有感同身受的情怀。而且，不仅我的情形是如此，现代社会里各种登山社、茶道会、牌友社等等，不都是因为一起活动而结合的吗？因此，如果“生命共同体”或“命运共同体”有任何意义的话，指的应该不是人在“地理上”或“幅员上”的结合，而是“活动上”或“功能上”的聚集。如果要借着培养“小区意识”来雕塑生命或命运共同体，显然很可能会徒劳无功——因为“住”在一起的并不表示会在一起“活动”。（现在的小区委员会大概只负责处理安全、停车、垃圾这些住户共同的问题，而很少做其他活动上的安排，理由或许就在此!)

进一步地想，如果培养生命或命运共同体是在于孕育共同的情感，目的是要琢磨出团结一致的精神、追求共同的目标；这似乎又回到过去皇权时代，那种由上到下呼吁、规范和约束的模式。活动上、功能上的结合似乎应该有更深刻的含义。

在登山社、游泳会、烟斗族、舞蹈团里，因为要办活动，所以不可避免地要有人出钱出力；因此，某种形式的组织和规则会逐渐出现。而且，虽然彼此之间（当然）会摩擦计较争风吃醋，可是，终会在安抚妥协里慢慢地找到和平共存之道（要不然就拆伙另起炉灶)。所以，所有的这些社团活动都隐含了一个非常重要的“副产品”，就是大家渐渐地锻炼出处理共同（公众）事务的能力和习惯。当这些小团体成长扩大之后，大家就有机会处理范围更大、复杂程度更高的问题——一个大家所向往的、含有多元价值的市民社会也就在这个过程里悄悄成形了!

我不知道自己有没有想清楚这个问题；不过，我知道，即使住进宿舍快一年了，我还没有（机会）跟半数的邻居讲过半句话。

在传统的农业社会里，以家庭宗党为主轴的人际关系，可以处理小范围里的“公众事务”；可是，在现代的都会区里，并没有类似的亲戚伦常关系可以依恃。要处理各种大小不等的公众事务，显然需要慢慢孕育另一种人际网络；然后，通过不同的网络，发挥不同的功能，处理不同的问题。

结语

社会资本当然重要，不过这是一个不容易数量化的概念。曾经有人实验，把一些装了小额钞票、已经写好收信人地址、并且贴了邮票的信封，故意放在马路上；然后，看看在不同城市（国家）里，有多少人会把信封寄回？在某种意义上，这个实验间接地测试了公德心这种社会资本，而且确实也得到很多有趣的结果。不过，要有效地掌握社会资本的内涵，显然社会学者和经济学者都还要努力，作更多“客观、正确、有趣”的研究吧！

在经济学里，个别的消费者是最基本的分析单位；众多个别消费者合在一起之后，就是市场。因此，在理论结构上，这是一种“加总”的过程。在研究社会学的问题时，情形也非常类似。家庭，是最基本的单位；众多家庭汇集之后，就成了小区和社会。而家庭与家庭之间的互动关系，就决定了小区和社会所呈现出的各种现象。“社会资本”的概念，就具体而微地反映了家庭与家庭之间的关系。

第八章

流逝的景观

一年级的小朋友吵着要买日文字典、六年级的小朋友挨骂后离家出走、研究所的大朋友因吃醋杀人毁尸……现在的孩子怎么都和过去不一样了？为什么不一样？还有没有办法回到美好的旧时光呢？

在当代的社会学家里，英国的吉登斯（A. Giddens）教授大概是名气最大的一位。因为他教过英国前首相布莱尔（T. Blair），而后者又声称是吉氏理论的忠实信徒；因此，吉氏除了在学术界享有盛名，也在现实政治里有相当的影响力。

对社会学的分析方法，这位英国的国师提出三大原则：社会学（家）的研究，必须包含历史性的眼光、人类学的视野，以及批判性的态度。前面两点关于历史和人类学的观点，可以说都是站在旁观者的立场，对社会现象加以分析。但是，一旦采取第三种批判性的态度，就几乎必然是把自己放在“参与者”的立场。

显然，吉氏认为，对于社会现状，社会学者不能置身事外，而必须试着指引革兴的方向。这种观点，和一般经济学者的看法有相当的距离。经济学者多半认为，自己只是社会现象的观察者、描述者和分析者，并不是指引迷津的智者。不过，虽然立场不同，经济学者和社会学者都非常重视“社会变迁”这个研究主题。在这一章里，我将尝试先指明触发社会变迁的契机；然后，是描绘社会变迁的过程；最后，是指明影响社会变迁的某些主要力量。

社会变迁的意义

对于社会科学研究者而言，社会变迁很重要，主要的原因有两个。首先，对任何一个社会来说，这个问题都具有关键性的地位。在许多社会里，一百年前还过着日出而作日落而息，安步当车的日子；现在，工商业社会变成经济活动的重心，生活的步调驶入快车道。

在一百年的时间里，有这么急遽的变化；对个人、家庭和社会，显然都有很大的影响。无论是内在的思想观念，或外在的行为举止，乃至于家庭的结构、社会的典章制度，都已经迥异于往昔。而且，进入 21 世纪之后，电子科技的进展，可能使变化的速度加快。这些变化，当然是社会科学研究者无从忽视的研究课题。

其次，对社会科学而言，社会像是一个体系，这个体系是由许多基本单位所组成。一个完整的理论，必须有严谨的结构：先是界定组成体系的基本单位，然后说明由基本单位如何过渡到体系，再就是描述体系如何维持稳定的状态，最后是解释体系如何变化。因此，社会科学的理论，必然要包含“变化”这一部分。

不过，任何解释变化的理论，在本质上都有某种“不完整性”。因为，研究者的材料，都是过去的、已经出现过的变化；研究者由这些材料里，希望能归纳出一些规律性或是原理原则。可是，总有不断涌现的新生事物，而这些未必是现有理论所能涵盖的。（譬如，二十年前，大概很少有人会想到因特网的发展。）因此，关于社会变迁的理论，基本上是不完整的；这也许是一种缺憾，但是也意味着在理论的发展上，还有进展和产生新意的可能性。

变迁的契机

造成变迁的原因，不论是对一个大的或一个小的体系而言，只有两种可能性：来自于外在的因素，或来于内在的因素。

几十亿年前，恐龙是地球上最活跃的动物。很难想象，身高三四层楼、身长二十余米、体重几吨（两个货柜车）的庞然大物，在地球上成群结队地跳来跳去、目中无人！不过，俱往矣，如今恐龙安在哉？只有在侏罗纪的电影里出现。造成恐龙灭绝的理论有好几种，其中之一是彗星撞地球；所激起的尘土遮云蔽日，植物无法生长，食物链中断，因此恐龙不再进化。显然，造成恐龙社会变迁（灭绝）的原因，是外来因素。和外在因素相对的，当然是内在的因素。因为体系内某种因素，会使整个（大小）体系产生变化。譬如，如果彗星没有撞地球，恐龙愈来愈多，多到粮食不足或引发传染病时，也会对恐龙社会这个体系带来变化。

不过，在社会科学里，研究的基本上是人类社会；就造成变迁的内在因素而言，“企业家”具有非常重要和特别的地位。

企业家，指的不一定是做生意赚钱的人；更精确的描述，是指以新的理念、产品、做法来取代现有做法的人。所以，迈克尔·杰克逊是企业家，因为他除了发明太空漫步的舞步，只戴一个手套的做法也是前所未见（不知道制造手套的人看了有何感想?）。发明计算机鼠标的人是企业家，设计喇叭裤的人也是。

各种企业家的产品或做法为社会体系带来刺激和冲击，至于他们的新意会不会被容纳乃至吸收，显然是另外一个问题。（每天头上顶一个水桶出门的人，当然也是企业家，不过被接受仿效的可能性大概不高。）

下面的故事，就描述了某一个企业家福至心灵下的创意。

量变和质变之间

几年前常到学校附近的一家西餐厅去，因为那个地方很安静，陈设也很高雅，牛排做得更好。去多了，自然认识里面的领班，也从他那儿学了一些品酒的常识。

后来，领班离开，自己开业，我偶尔会去捧场。他换了几个地方，最后终于拥有自己的餐厅，还开了分店。上次请几位同事一起去，他热情招待之余，客气地送给每人一张贵宾卡。据他说，他的贵宾卡有点特别；别的餐厅多是由餐厅主动奉送，他的贵宾卡一张要新台币五百元。不过，每隔六个月，他会寄一张餐券给每位持卡人；凭餐券可以免费享受菜单上的任何一种套餐。

虽然套餐从四百五十到七八百都有，而且餐券每半年送一张；可是，听这位朋友说，他并没有亏过钱。事实上，每到他寄送餐券的月份，营业额都特别高，利润也就比平时还可观。

前两天又接到他寄来的餐券，这已经是我收到的第三张了。刚好，最近在思索一些社会变迁的问题，我就试着从朋友送免费餐券这件事里，萃取一些启示……

我并没有问过朋友，他是怎么想到这个先缴费换贵宾卡、后送免费餐券的点子。不过，他显然是巧妙地掌握了人性中光明但脆弱的一面：对（绝）大多数人而言，接到“免费”的餐券心里当然高兴；可是，每个人也都清楚，餐厅菜单上的套餐都所费不赀。因此，大部分的人都会呼朋引伴地大驾光临，除了那张餐券，其余的消费都自掏腰包。结果，增加的营业额不但能承担那些免费餐券而有余，还意味着“旧雨”又带来了很多的“新知”！

可是，朋友这种“肉包子打人，有去更有回”的做法能推广扩散、能放诸四海而皆行吗？不见得。对持有贵宾卡的人而言，朋友这家餐厅的做法迥异于其他，所以很多人会以一种投桃报李的情怀来因应。如果这么做的餐厅愈来愈多，再接到“免费餐券”时，可能就会有不太一样的取舍：或者因为不再有新鲜感而不上门，或者一个人带着餐券自己用餐了事。结果，送免费餐券的餐厅可能吃亏蚀本，最后不得不停发餐券。因此，朋友的做法很可能是“只此一（两）家”，多则失灵。

不过，也不一定。如果其他的餐厅开始模仿，因为还是极少数，所以顾客们还是有特别惊喜的感受。结果也会热情因应，这么做的餐厅因而也享受到和朋友一样的额外利润。有利可图的事当然会吸引别人东施效颦，因此，这么做的餐厅愈来愈多。最后，大家都这么做，所有像样的西餐厅都会定时寄免费餐券给有贵宾卡的人。如果有哪一家餐厅不这么做，顾客会埋怨：其他餐厅都送，为什么你们这家不送？为了怕得罪顾客，即使心里不情愿也不得不勉强配合。

当大家都这么做的时候，“送餐券”就变成一种“标准化”的做法、成为一种行规。餐厅的利润还是可能会增加；不过，这时候已经不再是“送餐券”和“不送餐券”的餐厅之间的比较，而是所有这些送餐券的（西）餐厅和其他饮食业的比较。对顾客而言，由量变到质变之后，显然比以前享受了质量更高的服务——就像最后所有的百货公司都接受客人退换货品一样。人的生活环境变得好一些，人的尊严提升了一点点，社会的文明程度也往上移动了一个小刻度。

好久没有到朋友的西餐厅去了；过两天（带着免费餐券）去时，我会问他送这种餐券的西餐厅有没有愈来愈多？

由这个故事里，可以反映出一个重要的体会。社会现象的出现，无论好坏，都有背后的原因，好的做法、好的产品、好的制度，要能被保存下来，需要相关条件的支持。否则，企业家（提出新概念、新产品、新做法的人）所挥洒的新意，可能很快变成过眼烟云。

变迁的过程

一旦社会体系面对刺激，不论是来自于外在或内在的因素，受到影响的人马上面对很实际的考验。具体而言，这些人要问自己（也许是潜意识地）一连串的问题：自己如何认知这种刺激？自己赞成或反对或没有意见？自己会不会依样画葫芦？如果自己的朋友接受了（喇叭裤），自己会如何因应？

因为每个人所处的情况不同（年龄、性别、职业、经验等等），所以对于这些问题会有不同的答案，也就可能会采取不同的做法。在社会变迁的过程里，有欢喜接纳、也有痛苦抗拒，有光明、也有黑暗，有笑容、也有眼泪。

下面的故事，就是对某个变迁过程片断的描述。

当小朋友不回家吃晚饭时

前几天内人带儿子去逛书店，在他的坚持下帮他买了一本《日华字典》。儿子才读小学一年级，我问她为什么。她说，儿子买的拼装玩具（机器人和小赛车）都是日本制的，说明书是日文；儿子觉得他自己可以查字典弄懂说明书。

我一方面为儿子的好奇心觉得有趣，一方面为他的自主性觉得惊讶。如果明年他读二年级时，决定要自己背书包上山修行；我不知道内人和我会怎么办。

大家都知道现在的小朋友和过去不一样；可是，不一样在哪里？为什么不一样呢？

事情可能要从稍远的地方开始讲起：在1800年，美国的就业人口有90%左右是集中在农业；在1980年，农业的就业人口只占

3%左右。随着市场规模的扩大和科技的进步，蓬勃发展的制造业、金融业、服务业等创造了大量的工作机会，也吸引了大批的就业人口。不过，在这些巨大变化渐次发生的同时，人类最古老的组织之一——家庭——也悄然地经历了一种前所未有的蜕变。

在一个农业社会里，一家之主（通常是男人）日出而作，日落而息；而且，工作的地点就在住家附近。妇女操持家务之外，主要的责任就是抚育子女。在这种环境里，小朋友是在一张繁复的人际网络下成长；这个人际网络中，除了父母，还有亲戚、邻居、教堂（宗祠）里的大大小小、亲疏不等的人们。在这种环境下长大的孩子们，一方面享受到这个人际网络的支持，另一方面也受到这个人际网络的限制。人，不只是为自己而活，同时也为别人（的期望）而活。

在一个现代化、都市化的社会里，大部分的家庭都是双职工家庭。父母日出而作，日落（之后）而归；而且，工作地点和住家可能有相当的距离。来回通车数十分钟或一两小时很可能是常态，而不是例外。在这种环境里，小朋友是在一张和过去大不相同的网络下成长。父母因为工作的关系，和子女相处的时间非常短暂；亲戚邻居往来不多，教堂（宗祠）的影响也非常有限。取而代之的，是学校里的同侪，以及电视电影杂志等媒体里的明星和偶像。因此，乔丹、安室奈美惠、莱昂纳多等等，伴随着每一个现代社会里的小朋友一起成长；在某种意义上，一个跨越国界的“地球村”正在默默成形。不过，乔丹、安室奈美惠、莱昂纳多等等，只是幕前的；藏身在幕后的人物，是支持这些明星和偶像的企业和财团，以及这些财团和企业所生产的球鞋、化妆品、服饰、杂志、CD。当然，就子女的福祉而言，企业财团的着眼和父母的着眼通常是不一样的。

在这种环境下成长的小朋友，享受不到传统人际网络的支持，但也不太会受传统网络的限制。他们自主性比较强，行为的自由度也比较大；大体而言，他们主要是为自己而活，而不是为别人（的期望）而活。

如果把这种举世皆然的趋势再加上台湾社会的特色（经济条件快速改善、子女人数减少、传统和威权价值崩溃解体），大概就可以得到一个世纪末小朋友们的模样：在大众文化的包围洗礼下成长、自我意识提高、行为的可能性大幅度地扩大。一年级的小朋友买日华字典、六年级的小朋友离家出走、研究所的大朋友杀人毁尸等等，都是“行为的光谱”延伸之后的反映。

怎么办呢？有没有办法回到美好的旧时光呢？

针对这些问题，社会学者科尔曼指出两个明确的革兴之道：一是家庭再造，让家庭重新成为传统“人际网络”的核心，对小朋友发挥呵护支持和陶冶限制的功能。二是由政府接手，以一连串的法令规章，一方面约束电视电影漫画杂志等等的内容，另一方面通过学校教育来雕塑小朋友。

不过，这两点建议也并不是万灵丹。家庭在性质和功能上的转变，是诸多力量相互运作之后的结果。要让家庭回复到农业或传统社会里的状态，必须以更强大的力量来进行“反向工程”；可是，在一个现代的民主国家里，没有任何人拥有这种力量。把希望寄托在政府身上也并不乐观；政府的法令规章是由民意机关所制定，而民意代表大体上会反映自身支持者（竞选经费赞助者、财团）的利益，而不是一盘散沙般的选民的利益。所以，民意代表们通常不会和庞大的商业利益作对。

而且，由一个比较抽象的层次来看，“回到从前”并不必然是理所当然的选择。世界各地每年因车祸死亡的人以万千计；可是，大概很少人会希望回到农业社会里没有车子（也就没有车祸）的状态。因此，除非能由较广泛的观点，评估社会发展的各个面向；否则，由个别和突发的事件上，大概很难得到一个整体性、概括性的结论。

当然，即使整个社会的大势所趋无人能挡，每个人还是可以针对自己的个别情况自求多福。如果我的儿子要上山修行，我可能会束装就道伴修，也可能会提醒他山上没有“马里奥”。

故事的名称，是呼应和影射几年前曾经推动的“爸爸回家吃晚饭”运动。似乎，社会变迁的影响所涵盖的范围，已经不再限于爸爸了。故事里提到的小朋友离家出走，是两位六年级的小朋友，因为受家长责骂，所以由台湾南部的高雄跑到台北。不但惊动家长、学校师长，当然也引起媒体和社会大众的关注。研究所的大朋友是一位女孩子，和好友争取同一位男孩子；谈判不成，把好友推撞致死，再故布疑阵。女孩子读书的学校，当然分外难堪。

变迁的结果

社会变迁的结果，有点像是一团东西丢进小池塘，一阵混淆之后，池塘最后的状态。如果丢进池塘的是一个小土块，水面会很快恢复平静。如果丢进池塘的是一个大石块，池塘变浅之外，水面可能会上升。如果丢进池塘的是一堆鱼苗，池塘的生态可能会重组。如果丢进池塘的是一些化学废料，池塘可能从此变成鱼虾不存的死水！

人的社会，大致上也是如此。经过大小的社会变迁之后，原有的东西可能不变，也可能改变意义，也可能就此消失不见。当然，企业家带来的新生事物，可能如彗星般一闪即逝，也可能被吸纳而成为体系的一部分。

下面的故事，是描述经济发展之后，商业活动在做法上和性质上的变化。

一条裤子的启示

前几天过生日，内人为了减轻我步入“后中年”的感伤，买了一条名牌休闲短裤送我。我不喜欢那个颜色，所以就在“三天内可以退换”的期限里去加价换了一条长裤。但我喜欢的那种淡卡其色适合我的尺码刚好缺货，所以我留下电话，请小姐在货来时通知我。

不愧是东区有规模的百货公司，三天后我就在电话留言上听到小姐的留言，到百货公司拿了裤子回家换上一看，颜色太淡，淡得几乎可以看得到内裤的颜色。也许有人喜欢，但我已步入中年，实在没有兴趣让别人知道我内裤的颜色。所以，两天后我又到那家百货公司的专柜，选了另一个较深的颜色。但是又没有我的尺码；我告诉小姐，为一条裤子来回跑实在太浪费时间，能不能请她寄给我，我付邮费。她欣然同意，而且表示公司会出邮费。几天之后，我真的接到寄来的包装漂亮的一条长裤。

几年之前，这种事几乎是不可想象的——让你一而再、再而三的退换，而且还花钱把东西寄到你的手里。到底发生了什么事？是现在的顾客“道德水平”比较高，所以百货公司比较愿意相信顾客？还是现在百货公司财力比较雄厚，比较能多付出一些，多承担一些风险？

在某种意义上来说，也许两种理由都成立吧！

在经济落后的环境里，大家钱少而时间多。因此，不但锱铢必计，而且愿意花很多的时间去锱铢必计（反正没有其他事、闲着也是闲着）。经济发展之后，所得水平提高；大家有的钱比以前多，相形之下时间却比以前少。因此，大家比较不愿意（不需要）再为数十百块的事去计较，也没有时间去计较。所以，在百货公司里买东西，除非真有问题，要不然不太可能花掉可贵的时间去“惹是生非”。也就是说，经济情况改善之后，在行为上大家“比较容易”变成有礼有节——古语的“衣食足复没工夫，则知荣辱”，真是贴切深刻得很。

在经济落后的环境里，生意人的资本小、商品有限、承担风险损失的能力也有限。（好不容易把那条看得见内裤颜色的裤子卖给你这个倒霉鬼，赚得一点利润。怎么能让你退换！）经济发展之后，资本累积使生意的规模愈变愈大；不但商品种类的花样多得多，交易额扩大也使厂商比较容易承担数额有限的一些（各种理由的）退货。而且，市场之间彼此声息相通，使厂商有更大的弹性来吸引顾客。（东区没有人喜欢半透明的裤子，说不定南区有一大堆男士希望别人知道他们内裤的颜色！）

当大环境改善之后，顾客比较容易表现得像“好顾客”，商人也比较容易表现得像“好商人”。有了好顾客和好商人，生意当然比较容易做；当生意好做之后，就更容易维持一个环境让好顾客好商人源源不断地涌现。

好的价值要出现，是有条件的！

这个故事透露了两点重要的讯息：首先，无可否认的，经济活动是促成社会变迁的主导力量之一。其次，当社会发生变化时，很多事物的相对意义会有明显的变化——用经济学的术语，“相对价格”发生变化。譬如，过去安步当车是一种享受，现在安步当车是承担噪音和空气污染；因此，安步当车的相对价格上升了。除了经济发展这个因素，促成社会变迁的，当然还有许多其他的因素。而且，社会变迁所影响的，不只是人的行为和社会现象；更重要的是，人本身的意义和内涵都不断地被重新赋予和界定。

下面的故事，就是描述在经济和科技发展中，人的变化。

人类往何处去？

一个星期天的下午，带六岁的儿子去参加“抓鱼乐”的活动，这是我们所属的一个健康俱乐部所举办的。游泳池先放掉一部分的水，再倒进一百八十斤的鲤鱼、鲫鱼、吴郭鱼、鲢鱼；大人小孩人手一副粗布手套、加上蛙镜，然后就各凭本事。

我们的运气不错，抓了九条大小不等的鱼；大的长三十余厘米，小的也有二十厘米左右。回家之后，死的鱼放冰柜，还活着的养在洗澡池里。接着，问题来了：怎么处理？作为一家之主的内人明确表示：她“不会”杀鱼，也不会抓鱼。因此，她最多愿意把死的鱼拿到家旁边的菜市场，请卖鱼的小贩帮忙杀；活的鱼，要由我处理。

所以，这天早上七点起床之后，我就先把澡池里的五只鱼装好，带到菜市场去。根据内人的指引，找到她常买鱼的地方；把鱼交给老板，又大手笔地买了五百块其他的鱼之后，就站在旁边看老板挥洒。看着看着，我忽然觉察到这整件事的趣味。

“旧女性”要操持大小家务，十八般武艺自然样样粗通；因此，不可能不会杀（抓）鱼。“新女性”走出厨房以后，自然义无反顾；即使会杀鱼，也要破旧立新地说不会。“旧男人”本来就远庖厨；“新（好）男人”以雅痞自许，当然更不可能自甘堕落。所以，虽然我小时候杀过鱼、杀过鸡，（我的同事还杀过猪！）现在我却找不出任何理由要重新披挂上阵。

其实，“杀鱼记”的曲折并不在于男人和女人之间的战争，而是反映了古代和现代、过去和未来之间的转折……

在农业社会里，一个人（一家人）要播种、收割才勉强得以温饱；在面对大自然的风霜雪雨时，要彼此扶持以求自保。每一个家庭就是一个小的经济体系，这个经济体系要自己解决所有关于生产和消费的问题。社会逐渐发展之后，经济体系的广度和深度都迥异于往昔。每个人只是整个经济网络上一个小得不能再小的环节；只承担一点点生产上的责任（邮差送信、老师教书），但是在消费上享受了其他千千万万个人努力的果实。

当分工愈来愈精细，专业化的程度也就愈来愈高；每个人所需要（所能）做的事当然也就愈来愈少。而且，一个人不但不能一手打造出一辆汽车，人事实上也逐渐不能（不愿）自己动手洗衣服、做馒头和杀鱼。无论是主动的选择或被动的雕塑，现代人和古代人确实有很大的不同。

更重要的是，人不仅在“生理能力”上有急遽的转变，人在“生理结构”上也面临着前所未有的考验。医疗科技的高度进展，已经使器官移植慢慢变成家常便饭；将来，每个人都可以淘汰掉自己身上“不好”的器官，再换上一个“好”的器官。而且，生命科学和遗传研究上的突破，已经指向更根本的转折：未来，人将可以选择自己的基因结构；过滤掉“不好”的基因，只保留“好”的基因。这不是在出生之后再“移植”，而是在出生前就“塑造”。不但不会再有各种先天性的残障智障，而且，呱呱落地的“新”人类都将是尽善尽美的完人！

不过，这种发展却也令人悚然心惊。在这种“造人工程”下的产物，是人还是物？或者，从另一个角度看，“人”的意义到底是什么？人，是不是由某些很根本的、不可动摇的概念来界定；还是只是一堆基因原子分子所构成的血肉，本身没有内涵，所有的内涵和意义都是“被”决定的？

“鱼杀好了。”老板一句话，抖落了我一头的遐想（大概还有一脸的茫然）。我提着抓来的和买来的两袋鱼，慢慢走回家；清晨空气清新，我却觉得心情分外沉重。

曾经有人把社会现象比喻为一场对话：每个人参与了已经存在许久的对话，受对话内容的影响，也影响了对话的内容。人和社会的关系，也有类似的特性。人成长的经验，受到环境中既存事物的影响；但是，当人参与社会的活动时，也会为社会添增新的内容，因而影响社会发展的轨迹。

当然，上面这个故事还提醒我们：人的意义是不断被重新充填和界定的！

结语

在《前赤壁赋》里，苏东坡写道："盖将自其变者而观之，则天地曾不能以一瞬；自其不变者而观之，则物与我皆无尽也。"其实，在变与不变之间，有太多的空间需要社会科学研究者（和文学家?）的填补——对社会而言是如此，对万物之灵的人而言，未尝不是如此！

第三篇

经济学与政治学的对话

第九章

政治过程的基本元素

当大家都在体育馆里坐着观赏球赛时，一个观众为了想看清楚些，就从座位上站起来；但当“大家都站着”时，不但视野没有变好，反而要牺牲掉原来坐着看球的舒适自在！这种时候我们怎么办?

几十年前，诺贝尔奖得主萨缪尔森（P. Samuelson）教授出版了《经济学》第一版；几十年来，这本书不但使他名满全球，而且日进斗金。当时，书的前半部分是处理失业、通货膨胀等问题的总体经济学；书的后半部分，则是探讨家庭个人消费等问题的个体经济学。

现在，萨氏第十八版的《经济学》依然维持长销和畅销的美名。不过，他也顺应其他经济学教科书的潮流，把个体经济学移到前面，而把总体经济学放在后半部。原因无他，个体经济学的材料（个人、家庭、市场），是构成总体经济学的基础。由分析逻辑的观点，先处理个体而后处理总体比较顺理成章。

经济学教科书另一个重大的变化，是在几乎所有重量级的畅销书里，都把“公共选择”列为专章。在萨氏经济学的第一版里，就没有公共选择这一章。短短的几十年内，公共选择变得如此重要，一切要归功于另一位诺贝尔奖得主——布坎南教授。

布氏由经济学的角度分析政治现象，不但给传统政治学带来无比的冲击，也大大丰富了经济学的内涵。

在这一章里，我将先阐明在分析政治现象时，经济学和政治学的基本差别。然后，我会比较经济活动和政治过程在性质上的差异。最后，是探讨当许多人共同参与政治过程时，所呈现出的有趣现象。

天使的故事

当布坎南在 1986 年得到诺贝尔奖时，媒体大幅报道他的贡献，有位经济学者用一句话一以贯之：“官僚不是天使！”

当然，许多媒体少不了讪笑嘲讽一阵，以这种象牙塔里的体会就可以得诺贝尔奖，经济学和诺贝尔奖都未免太浅薄了一些吧！然而，内行看门道的人都清楚：“官僚不是天使”确实画龙点睛，不但勾勒出布氏学说的精髓，也反映了经济学发展上一个重要的里程碑。

具体而言“官僚不是天使”这句话有两层意义。首先，在 1960 年以前，经济学处理的问题，主要是市场里的经济活动。只有在碰上税赋管制等问题时，才会考虑政府的角色。但是，重点在经济活动，政府只是聊备一格，使分析完整一些而已。

然而，布坎南在思索财税问题时发现，分析里不能把政府一笔带过。经济学者对赋税和其他公共政策的建议，都要通过政治过程（政治机器）来实现。所以，必须把政府（政治过程）纳入分析。因此，布氏是第一位经济学者，以严谨的现代经济分析架构，探讨政治现象。在经济思想史上，布氏的地位非常重要；他和科斯以及贝克尔三人，分别把经济分析带进政治学、法学和社会学，因此也先后得到诺贝尔奖的殊荣。

如果只是戴上经济学的眼镜去看政治问题而没有新意，布坎南这位先驱者也不甚了了。然而，布氏对政治学的影响，就牵涉到“官僚不是天使”这句话的第二层意义。

在政治学里，由柏拉图、亚里士多德等哲人伊始，千百年来的高贵传统，都认为政治的目的是增进众人的福祉。官僚们，就是秉公无私的、天使般的、以公益为依归的，代表众人追求公众的福祉。这种观点，事实上也是绝大多数民众对官员和民意代表的期望。

相对于这种立场，布氏问了一个极其简单的问题：如果在市场里，人会基于自利而选那些漂亮的水果；那么，在政治过程里，人会突然变个样，一意为公而不管自己本身的利益吗？布氏的答案很简单：人就是人！在经济活动里，人是自利的；在政治过程里，人也是自利的。

因此，布坎南妙手一挥，利用经济分析的架构，可以重新检验千百年累积下来的政治理论。这个小小的转折，开启了学术上崭新的一页，为经济学和政治学注入了前所未有的养分。现在，在政治学里，布氏的理论和所发展出的专有名词，已经成为政治学的日常用语。在经济学里，布氏的开创性贡献，则已经成为经济学教科书里的必备章节。

而布氏的学术成就，也确实可以用“官僚不是天使”这句话一气呵成！

虽然人就是人，无论在市场里或在政治过程里，都是理性而自利地追求自己所认定的利益或福祉；但是，人在这两个领域里活动的性质，却有根本的差别。下面的故事，就尝试对这两种活动，从多个方面加以比较。

“市场机能”和“政治过程”的ABC

虽然每一个人都知道政治和经济与大家的生活息息相关（我在“市场”里提供体力、智慧得到报酬，并且从事消费；我在政治过程里投票、缴税而得到国防治安等等），但是这两者到底有什么差别呢？如果能清楚地掌握这两者的差别，是不是比较容易对不令人满意的现况寻求改善呢？

仔细想想，经济的“市场”和政治过程在性质上确实有很大的差别！

在市场里，交易的媒介是“货币”；在政治过程里，交易的方式是通过“选票”。每人拥有的货币不一，但每个人都只有一张选票。所以，在市场里的交易显然比较能精细地反映个人好恶的深浅。

在市场里，决定买卖的主体是“个人”；在政治过程里，则是先由众人选出民意代表和行政首长这些“代理人”，然后再由这些民意代表和行政首长折中妥协。

在市场里如果个人不作决定，没有人会帮你选择，悉听尊意（比方说，你自己必须选择要买什么品牌、什么尺寸的家电）。在政治过程里，即使你不投票，不闻不问，还是有人会当选，还是有人会把预算花掉。

在市场里，个人可以为自己精打细算，可以花费数百万在音响家具上。在政治过程里，个人不过是沧海一粟。即使你对环保有切肤之感，而别人漠不关心，但你（只）有一票，他也有一票。

在市场里，一手交钱一手交货，你得到的就是你所选择的。在政治过程里，你投票支持的候选人不一定会当选。即使他当选了，你赞成和期望的公共建设也不一定会实现。

在市场里，两两交易直接影响的只是交易的双方。每个人都为自己选择的结果负责；事实上也“只”为自己的选择负责。在政治过程里，由民意代表和行政首长这些（少数）人作决定，但是结果却由所有的人承担。即使你反对由公立学校提供高等教育，在政策没有改变之前，你还是得缴税来维持公立学校。

在市场里，你可以选大同牌电饭锅、顺风牌电扇、泰瑞牌电视、国际牌冰箱；各取所长，不同的商品选不同的品牌。在政治过程里，你不是分别投票选交通市长、治安市长、消防市长，而是一票选“一团东西”；你不能“细分”你的那一票。而且，市场里的这些商品对你而言是个个称心；可是，政治过程里你选的那“一团东西”等于是组合商品，整个组合里很可能只有一种特征是勉强如你意的。此外，你在市场里选这些个别的商品时是眼见为信；可是，在政治过程里，选上的那“一团东西”当选之后，在各方面的取舍很可能和当初竞选时所声称的南辕北辙。

在市场里，你可以今天买光泉鲜奶，明天买味全牛乳，后天买统一低脂。市场里产品一旦出问题，销路马上减少。因此，厂商时时面对竞争，不得不小心翼翼。相形之下，在政治过程里，选了县市长等民意代表之后，你必须等（忍受）三四年的时间才能再作选择。

在市场里，你可以在言行举止上奇装异服，率性而为；在政治过程里，一旦规章制定，就不（太）容许个别差异：即使你想两年缴一次所得税，连本带利，不行；即使你想自己在家里教小孩，不送他（她）上学，不行。

在市场里，你拥有的是你口袋里的钞票，货架上的商品是老板的财产。交易之后，钱货易手。财产权的归属始终清楚。在政治过程里，财产权却是在不断“被”调整和“被”创造。因此，一旦通过规定不准使用含铅汽油，相当多的车主会受到影响；一旦将义务教育延长为十二年，人们“受教育”的权利显然会有新的内涵。

由这些比较里，也许可以归纳出几点重要的启示：

首先，因为通过政治过程可以界定和创造新的“权利”，因此个人、团体、政党会有意愿去影响政治过程的决定。譬如说，一旦通过要铺设高速铁路，相关的营建从业者当然额手称庆。而且，沿线可能设站的地方，附近居民当然也会以各种方式争取对自己有利的决定。陈情、游说、说情、利益输送，都是在企图影响政治过程里的取舍。

其次，因为政治过程是由选举、代议这一套众人之治的制度所支持，单独渺小的个人微不足道（我不投票也会有人当选；我搜集再多信息也还是只有一票）。因此，有相当比例的人可能会选择“理性的无知”：或者不投票，或者不假思索地投票。民意代表和行政首长在反映民意之余，当然也有自己前途的考虑、自己党派利益的考虑。经过这一连串的授权、代议、折中、妥协，（勉强）形成政策之后，还要再经过行政体系层层的周转，最后呈现在选民眼前的可能和当初的“民意”有相当的距离。（有谁相信代议机构在抢麦克风、翻主席台、叫骂之余所通过的预算和法案是反映民意的?）这种现象和个人在市场里精挑细选、宁缺毋滥的取舍相比，显然政治过程里的决策比较粗糙而不精确。

这么看来，既然在政治过程里的决策质量堪忧；既然政治过程里（可能）有人会因一念之私而上下其手；既然这些决策所占用和浪费的资源都要靠税赋支持；既然税赋都是由你我大家来出，不管我们喜欢与否；既然要把哪些事交给政治过程去处理，哪些事让市场机能发挥功能，哪些事留给个人自求多福，最后都是“主权在民”地由你我大家来决定；既然划归到政治过程里的事在做法上也可以有多少之分；因此，就一个公民而言，就有责任、也有权利好好思索市场机能和政治过程在本质上的差异，然后好好地斟酌在这两者之间的取舍！

在这些对照之下，市场机能和政治过程确实有很多差异。其中最重要的，就是在政治过程里，一直不断地重新界定或引进各式各样的权利。既然权利的背后往往隐含很可观的利益，自然会诱发许多逐利者。在民主国家里，游说团体和利益集团盛行（横行）无阻，是最好的写照。此外，故事里也指出，在政治过程里，是不断地界定新的财产权。因此，政治过程本身的界限，显然是民主社会里，一个很基本也很重要的问题。

什么是“应该”？

在我教的推广教育班上，有各级的政府官员和民意代表，还有许多年富力强的优秀军官。课堂上刚开始讨论公共政策时，几乎绝大多数的学员都是义正词严的表示：民意代表“应该”为民众谋福利，政府“应该”照顾中低收入户，官员“应该”公而忘私。

我总是要花两三个星期的时间，反复论证：老师“应该”好好教书，可是我们都经历过很多不太认真的老师；父母“应该”爱护子女，可是我们看到也听到太多令人发指的虐童事件；长官“应该”照顾部属，可是真正照顾自己部属的长官有多少？因此，站在社会科学分析者、也就是旁观者的立场，我们的出发点是：人“实际上”是如何，而不是人“应该”如何。除非以人的实际行为作为分析的基础，否则我们的说辞将只是道德性的要求，我们所认定应该出现的现象并不会出现！

等到大多数人都认同我的观点之后，一旦再有哪位学员又情不自禁地吐出“应该”这两个字的时候，总是会有好几个声音同时响起：“什么是‘应该’?”

当我们同在一起

在政治过程里，人的实际行为是怎样的呢？在政治过程里，通常牵涉到许多人的行为；而人多的时候，社会现象的性质往往和人少时不同。

下面的故事，就是描述人多的时候，个别行为汇总之后可能的结果。

大家都站着——之一

记得以前在研究所读书时，有一次期末考试；老师把一叠空白的答案纸交给同学传取。一位同窗问老师：要拿几张才够？老师面无表情、语调低沉地说：那要看你知道多少（东西)?

原先发问的同学知道被老师调侃了一下，就自我解嘲地说：如果是这样的话，那么我只要一张小纸片！

坦白地说，大部分时候我们知道得很少、很有限；可是，更麻烦的是，有时候即使我们好不容易摸清了一点点端倪，却不知道如何挣脱自己造成的困境！

当大家都在体育馆里坐着观赏球赛时，如果有一个观众为了想看清楚些，就从座位上站起来；刚开始时，他（她）当然会有一览无遗的快乐。但是，其他的观众会渐渐效尤地也站起来看；最后，所有的人都站起来看球赛。可是，当大家都站起来之后，彼此遮挡，视野和原先大家都坐着时事实上没什么两样。

当然，在这种大家都站着、都扯着脖子往前看的情况下，如果有少数人先知先觉地意识到这种景象的荒谬，或者站得腿酸了就先坐下来；也许其他的人也会见不贤而内自省地依样画葫芦，也开始慢慢坐下来！

可是，“大家都站着”的现象并不仅限于看球赛和听音乐会；而且，“有人先坐下”的调整也不一定行得通。

社会学家在研究双职工家庭时，发现了一个很有趣的现象：天下父母心都是望子成龙、望女成凤；因此，对子女的教育非常重视。既然都会区里的教育资源远比偏远地区丰硕，所以最好能住在都会区里，让自己的子女能从小得到较好的教育。可是，都会区里的房子较贵、物价水平也较高；如果家里只有一份薪水，确实很难在都会区里生存。基于这种考虑，有一些原来在家里操持家务、照顾子女的妇女开始去外面工作，赚取第二份薪水、增加收入，好设法搬进都会区，让子女享受比较丰富的教育资源。

当双职工家庭慢慢增加，而且也慢慢移往都会区里的时候，都会区的房价开始上升；最后，房价和生活水平的上升可能完全抵消掉额外的第二份薪水。可是，都会区里的教育机会并没有改变：当大家都是双职工家庭时，还是只能有一部分的子女可以在都会区受教育，完全和以前一样。而且，现在双职工家庭的父母忙于工作，能花在子女身上的时间事实上比以前少；所以，赚得的第二份薪水刚好应付高升的物价，对子女的照顾却远逊于以往——当“大家都站着”时，不但视野没有变好，反而要牺牲掉原来坐着看球的舒适自在！可是，在球场里当大家都站着时，也许有人会先坐下；在“赚第二份薪水、往都市里搬”的景象里，有谁愿意先放弃第二份薪水、回家照顾子女呢？会有人愿意当“损己利人”的傻子吗？

仔细想想，“大家都站着”的现象在现代社会其实非常普遍：尖峰时段塞车、让子女上才艺班和补习班、送红包、走后门说情，在本质上不都是一样吗？大家都耗费了可贵的时间、金钱、心力，可是结果谁也没能占到便宜。而且，虽然大家都知道浪费了不必要的时间、心力、金钱；但是，没有人愿意“虽千万人吾往矣”的“先坐下来”！

当“大家都站着”时要怎么办呢？有没有挣脱困境的方式呢？这恐怕需要写完许许多多的“小纸片”才能摸索出一点头绪吧！

这个故事有两点重要的启示：首先，当人多的时候，每一个人都选择对他自己而言合情合理的行为（因为人是理性、自利的），可是汇集之后，却未必得到好的结果。因此，看到某些不好的社会现象，单单是指责别人盲从或一窝蜂，并无济于事；因为，从每一个人个别来看，他选择的是就他自己而言最合理不过的举措。

第二个启示，是和分析社会现象的方法论有关。我们看到的社会现象，多半是许多人行为加总之后的结果。因此，当我们看到某一个社会现象之后，就值得逆推回去，看看是哪些个别行为会加总出最后的结果。逆推式的分析，往往才能发掘出形成各个社会现象的基础。如果想寻求改善，也才有比较平实、比较能从根救起的着力点。

因为民主政治往往是代议制，一般民众不直接处理公共事务，而是由他们所选出的官僚和民意代表来运作。代议制，再加上参与的人数甚多，所以成熟的民主社会经常出现很特殊的现象。

下面的故事，就是对民主代议性质的具体刻画。

大家都站着——之二

早上正在研究室里看书，同事推门进来，神色不佳地说："老×，不好了，我竟然被选上学校宿舍分配委员会的委员！"

同事的个性不喜欢"抛头露面"，两个孩子又都还小，他不情愿去当这个有苦劳、没有功劳、更没有掌声的委员，我是很可以理解的。我一边宽慰他："当了教授之后，可以多舍己为群、奉献牺牲！"一边拿过他手里的当选通知来看。

不看还好，一看之下，我不由为同事的“际遇”喝彩。

为了分配新建和旧有收回的宿舍，学校成立了一个“宿舍分配委员会”。组成人员除了身为委员的总务长，还有九位委员：由七个学院各选出一名，由全校职员中选出两名。委员是无俸禄、连选得连任一次。在“校园民主”的标杆之下，以这种经由民主程序选出的“代议士”来解决众人之事，真是再好不过了。

法学院事务组前一段时间寄发出选票，由全院138位讲师、副教授和教授，以不记名的方式互选一名法学院的代表。选票上整整齐齐地列出了138位老师的大名；因为人多，所以用的是B4大小的纸张，旁边还注明了投票截止和开票的日期。同事就是在这138位候选人中，得到比另外137位候选人都多的选票，众望所归地脱颖而出！问题是，那张当选通知上面的铅字方方正正、清清楚楚地印着：同事得到最高票，他总共得了“四票”！

不错，“四票”！经过138位选民公平公正公开的选举，我同事的得票数最高；其他有几位老师得到一、二、三票不等，民意基础都比不上同事。因此，他将堂堂正正代表法学院到总区去出席宿舍分配委员会的会议。

可是，这不是有点奇怪吗？在138位选民里得到“四票”的支持，就可以代表所有138位老师；合理吗？假设别的学院和法学院一样大小、全校职员是每一个学院老师人数的两倍；那么，如果其他学院和职员的选举也和法学院一样，这些“四票委员”们的民意基础总共会是4×9＝36，是全部1 242位选民的3%不到。而且，如果这九位委员在讨论议案时表决，以五比四通过某些议案；那么，五位委员背后所代表的20位支持者的意旨，将压过其他委员背后的支持者，以及所有沉默的大多数；而这 20 人将是总数1 242的 1.6%。因此，在极端的情形下，1.6% 的人所偏好的议案，会压过其他 98.4% 的人。好个“民主集中制”！

虽然这个“四票委员”的结果有点令人讶异；可是，仔细想想，背后的曲折并不难理解。在法学院这 138 位高水平的选民里，已经配到宿舍的人大概不会去关心宿舍分配的事；还没有配到宿舍的人当然比较关心，也许有兴趣到委员会里去为自己和为同仁争取福祉。可是，要当选委员代表，单单是有兴趣还不够；还得向同事朋友搜集选票，这可要花时间心力。而且，比自己有兴趣的人一定也不少，所以自己何必浪费心神去“做虚功”呢？人同此心、心同此理的结果，是竟然没有人去争取选票，也没有多少人寄回选票——然后是同事的“四票当选”！

不过，从另外一个角度来看，这样的结果也没有什么不好。138 票里得到四票，固然“代表性”不高；然而，只要大家都支持这种选举代议的“方式”，都衷心支持（祝福）被选出来的代表，而且也接受这些“少数代表”开会的决议，那么，这整个“选举代议”的制度不就能正常运作吗？不就能顺遂地处理“众人之事”了吗？得票数的高低有什么重要！

同事走时还连呼倒霉。我告诉他，如果哪次开会他真的有事，我可以替他出席。想一想，由他委托我这个“一人代表”也没有什么不好，不是吗？

在课堂上讨论“大家都站着”这两个故事时，我总是请问在座诸君：为什么这两个故事都叫做“大家都站着”？每次问，总是有很聪慧的人指出：前一个故事，是具体的大家都站着；后一个故事，是抽象的大家都站着，因为其实是大家都袖手旁观、都坐享其成——也就是，大家都坐着！

民主社会里，投票率通常很低，原因就是大家都站着——很多人基于理性、自利的考虑，选择冷漠无知的态度。重点不在后面的冷漠无知，而是在于前面“理性的选择”。既然如此，对于民主政治的运作以及所可能达到的目标，大家也就值得有一些比较平实的评估和期许。

结语

由经济学的角度分析政治过程，有几个重要的体会：首先，是经济活动和政治活动在性质上，有相当明显的差别。其次，因为两种活动的性质不同，所以会影响到人们的行为。结果，在经济范畴和政治范畴里，就会呈现出不同的面貌。最后，虽然两种活动的性质和外观不同，但是都是由同一批人参与和活动。因此，在分析上，是相同的基本单位。

在布坎南的论述里，曾多次阐扬分析政治过程（和社会现象）时，方法论上的个人主义，对他而言，有血有肉、理性、自利的个人，不仅是经济活动的基础，同时也是构成政治过程的基本元素。“把人当人看！”是一个严谨分析架构的出发点，实际上也是一个孕育健康民主社会的发轫吧！

第十章

真理和圣人

政治学者往往认为，民主政治是“零和游戏”：有人赢就有人输。但民主政治可以成为双赢乃至多赢的“正和游戏”吗？一手交钱一手交货的经济原则，在政治中是否也是无处不在？

阿基诺夫人当选菲律宾的总统时，不仅菲律宾举国欢腾，世界各地的老百姓也都心有所感；当年《时代周刊》所选的年度风云人物，就是阿基诺夫人。

在马科斯总统（也曾经是众所拥戴的领袖）长年腐化的领导之下，菲律宾人民渴望法治和富足的生活久矣；对于阿基诺夫人，菲律宾的人民有太多、太深的期望。然而，当她几年之后离开总统府时，菲律宾的政治还是一样混浊，经济还是一样的一蹶不振，大学毕业生还是一样要到别的国家当佣工！

也许，把振衰起敝、一校陈窠的责任放在阿基诺夫人一个人的身上，是不切实际的期望。不过，对于英明领袖、大地之子、圣人、人民导师的期盼，不是还在各个角落里不断上演吗？那么，在政治过程里，到底人们所追求的是什么？经由政治过程，人们又能成就什么？可以有哪些期望？

要回答这些问题，显然必须先了解政治过程的性质。在这一章里，我将由最简单的情形开始，描述处理“众人”之事的曲折。然后，是探讨少数服从多数，以及选举投票和代议的意义。最后，则是希望能点明，对民主政治较合理的期望。

圣人和真理

在1950年左右，当布坎南这位公共选择派的创始人，开始接触政治学的文献时，他觉得有点惊愕。千百年来的政治经典，似乎都在讨论哲王、真理，好像众人只要找到一位哲王明君，公共问题就自然消失。或者，只要经过公民间诚恳公开的沟通，就能经由论辩而发掘真理。既然真理已出，公共事务自然不会再有争议矣。

可是，在经济学里，布坎南知道得非常清楚：买卖双方通常意见不同，才会达成互利的买卖；如果两人都想买或都想卖，就没有交换互惠的可能性。然而，在一般人的心目中，却似乎都觉得真理是存在的、圣人是有的（只是难找而已）。

下面的故事，反映了对于真理，一般人普遍都有的情怀。

圣人满世界？

在隔绝四十年之后，台湾和大陆终于重新建立起往来的管道。不过，四十年改变了很多人事，也造成了许许多多的悲欢离合。我的父母是三十八年前由大陆来台；在这个大环境之下，我们家当然有属于我们自己的一份忧喜。

几年前爸爸和大陆的亲友联络上时，祖父还健在。因为当时还没有开放探亲，所以没能见上祖父的最后一面；也许就是因为这一层的愧疚，父亲对叔叔和侄子们就特别慷慨。除了汇去大笔的钱帮他们盖房子，还先后寄过去几十万新台币让他们做生意。可是，大陆的亲友们却不断地以新的名目要钱。

爸爸对这一切都很热心，但是妈妈很不以为然。她觉得大陆的亲友把伸手要钱视为当然，而且没有感激之意；她认为爸爸是一头热，有时候热切地几乎忽略了自己身边人的情绪起伏。

因为大陆亲友这件事，爸妈不知争执过多少次、呕过多少气。我们子女夹在中间，哭笑不得。听爸爸讲时，觉得他振振有词、理直气壮；听妈妈说时，觉得她一忍再忍、受尽委屈。事实上，分开来听，两个人都讲得很有道理；听谁讲都会觉得另外一方是不可理喻的“坏人”。可是，以我近四十年相处的经验，我知道他们两个人都是“好人”——他们在一年之内所作的“善事”，可能要比我这一辈子做的还多！

有一次我和爸爸开车到机场去接多年不见的二姐；回程路上二姐问爸妈最近相处得怎么样，我忍不住话中有话地说：在钻研社会科学、探讨人的行为多年之后，我归纳出有关人生的两大定理：第一，“这个世界上没有真理”，所有的真理都是相对的、是条件式的；不过，没关系。第二，“五十岁以上的人都是圣人”——因为听他们叙事说理，总不得不钦佩他们思虑周到、言之成理、处处为人着想、自己毫无瑕疵。爸爸听出我话中的调侃，但不以为意地说：那你自己再过不多久也是圣人啦！

几个月之后，有一天和内人发生口角，我突然又想起“世界上没有真理”这件事。

我们争执的焦点，还是儿子吃东西的问题。我说，孩子要吃就吃、不吃就不吃，他生理上自然会调节；不要整天往他嘴里塞东西，他反而会没有食欲。她说，小鬼已经是瘦巴巴的，如果不追着喂他还得了。我的态度是，他不吃，就饿他一段时间；一个星期之内一定奏效。她的说法是，别人家的小孩根底厚，经得起饿；我们家小鬼一饿就没了。然后，她一想起花一两个小时准备材料、做东西，再花一两个小时一汤匙一汤匙地追着、哄着、吓着喂小鬼，而我却总是冷眼旁观；新仇旧恨涌上心头，讲话的遣词用字就不是那么典雅了。

而且，小鬼吃东西只是一例而已。当我们发生冲突时，总是为我们所共同经历过的事起摩擦。可是，即使当初是我们两个人一起面对、一起因应的事，事后追究起来，我却一再地发现，对同一件事，两个人竟然有南辕北辙的认知和解释。刚开始时觉得很讶异，明明是同一件事，而且两个人都还算是讲理，为什么在认知和解释上有那么大的差别？久了之后，我慢慢体会出一点道理：人，就是不一样。即使是一起生活、最亲密、最有默契的两个人，在某些事情上也是会有不同的看法和感受。而且，因为每一件事都有很多的面向，两个人着重点不同，当然也就会有各说各话、都有道理的场面出现。因此，一旦有是非发生，重点也许就不在于“找真理”，而是找到能让两个人和平共存的空间就可以了——因为真理不一定存在，但是两个人还得要过下去！

自己体会出对人生这么深刻的观察，真有点洋洋自得、自矜自是。也许，我可以把“圣人”的年龄往下降……

或许心理学家能帮助我们，告诉大家为什么每一个人多少都有自以为是的倾向。也许，在自己所熟悉或能自主的（大小）场域里，自己是唯一的主宰；因此，事物的意义、发展轨迹、因果关系等等，都是由自己来决定。一旦把这个场域稍稍扩大，马上就会和别人的场域发生接触和重叠。但是，人认知能力上的局限，却使人们无法意识到情境的变迁。结果，就出现了各说各话、自以为是的状况。当范围变大之后，问题当然更严重。

少数服从多数

对于民主政治，很多人会直觉地想到，就是少数服从多数；以数人头的方式，来代替打破人头的方式（武力解决）。虽然这个观念深植人心，特别是对于一些新兴的民主社会，往往格外重视选票所代表的意义。不过，想得稍微深刻一些，少数服从多数真的行得通吗?

想象最简单的代议民主：三个选区，每个选区各有三个人；这三个人要推出一个代表，然后组成议会，实施代议民主。如果在第一和第二个选区里，都是两人赞成建核电站、一个人反对。少数服从多数的结果，是选出两个代表都赞成盖核电站。可是，假设第三个选区里的三个人都反对，当然也会选出一个反对的人当代表。当三个代议人士组成议会，对核电站方案投票时，会是两票赞成一票反对。

然而，在全部九个选民里，其实赞成的只有四个人，而反对的人却有五位。因此，代议制之下，即使每一步都是少数服从多数，最后的结果却变成多数服从少数。显然，对于少数服从多数这个概念，还值得作进一步的斟酌。

下面这个故事，就是从另外一个角度，探讨少数和多数的相对意义。

赢家和输家

在大学部教财政学，每年总会碰上“政治过程”这一部分，而我也总会以两个问题当开场白：民主是不是表示“少数服从多数”？还有，“买票”好不好？

对于这两个问题，学生总是面露困惑的表情：答案不是再简单不过了吗？为什么要问这种问题？可是，答案真的是很简单的吗？

想象一个社会里只有三个人，现在要表决一个议案；假设这三个人的得失可以用数字来表示：（+1，+1，−5），第一个人和第二个人各得一单位的好处，第三个人要承受五单位的损失。那么，少数服从多数，议案通过；可是，三个人（也就是整个社会）的净损失是3。少数服从多数好吗？说到这里，通常台下一片肃穆。

其次，买票真的不好吗？如果这三个人现在面对第二个议案，得失是（+5，−1，−1）。在少数服从多数下，不会通过这个议案；可是，社会的净利益是3。因此，在简单多数的表决下，不该通过的议案（第一个议案），会被通过；该通过的议案（第二个议案），不会被通过。坚持“少数服从多数”，真的是好事吗？

如果第三个人和第一个人达成协议，彼此支持；那么，在表决第一个议案时，第一个人支持第三个人，也投下反对票。结果，不该通过的议案，没通过。在表决第二个议案时，第三个人支持第一个人，也投下赞成票。结果，该通过的议案，获得通过。经由选票交换——也就是以票易票、以票买票——资源运用的效率提升，社会的福祉也因而增加。

可是，买票是不对的啊！至少，从小到大，老师和课本都是这么说的！

如果买票是不对的，不能以票换票；那么，原住民只占我们这个社会5%左右的人口，注定永远是少数！对于他们而言，要保障自己的福祉，事实上只有通过“选票交换”；借着支持和自己无关紧要的议案，来换取别人支持自己在乎的议案。因此，结论很简单，民主政治的精义，不在于禁止买票，也不在于少数服从多数。那么，民主的精义到底何在？

政治学者往往认为，民主政治是“零和游戏”：有人赢就有人输。因此，有人少缴税，就有人要多缴税；有人当选，就有人落选。饼只有那么大，力量大的人多分些，力量少的人少分些。

不过，经济学者并不是这么看民主政治。在“公共选择”学派创始人、1986年诺贝尔奖得主布坎南的眼里，民主政治不是零和游戏，而是“正和游戏”；而且，民主政治的精义是在于“交换”！

在市场里，买卖双方一手交钱一手交货；这是“交换”，而且双方互蒙其利。在政治过程里，民众一方面缴税，另一方面得到国防、治安、交通、教育等服务；这也是一种交换。而且，在民主社会里，每一个人放弃一部分自由，以换取别人也放弃一部分自由；每个人纳税服兵役，以换取别人也纳税服兵役；这是在另外一个层次上的交换。不过，不论是哪一个层次的交换，政治过程里的交换和市场里的交换在性质上是一样的：参与者都是赢家，而没有输家。通过民主政治的交换，每个人都得到好处。试问，不通过政治过程的交换，由自己教育子女、自己铺路会更好吗？

不过，布坎南也提醒大家：即使长远来看，民主政治会使大家均蒙其利；可是，在短期里，有些人的福祉还是可能持续地受到贬抑。因此，一个成熟的民主社会，就是能让绝大多数的成员都觉得：自己是赢家，也因而乐于支持民主政治的体制！

这么看来，民主政治只是“少数服从多数”吗？

由这个故事可以清楚地看出，少数服从多数的做法，只能处理比较粗糙的数量问题，不见得能处理比较精致的质量问题。而且，如果要继续深究，到底数量还是质量才代表公共事务的“真理”呢？答案似乎不是那么明确。

民主是长城吗？

无论是少数服从多数还是其他的做法，以选举代议的方式处理公众事务，而挣脱了极权专制，这真是人类历史上重大的进展。然而，民主代议真是可以依恃的长城吗？当大家都说好、没有任何人有异议的时候，是不是表示已经找到真正的“真理”了呢？

下面的故事巧妙地点出，在民主社会里，“没有异议”并不表示可以理直气壮地直道而行。

当老太太造访你家后院时

一个坐落在阿尔卑斯山山脚的村庄里，有一对年轻的男女陷入热恋；情投意合之下，女孩怀孕。当女孩产下一子之后，谁知道男孩却否认自己是孩子的父亲。女孩告上法院，男孩却买通旁人伪证。判决失利后，伤心欲绝的女孩带着幼子离开村庄。

在命运的安排下，女孩后来嫁作商人妇，商人成为石油大亨，财产无数。当商人过世后，当年的女孩已是满头华发的老妇人。不过，她矢志复仇。她回到自己的家乡，然后向村人宣布：她愿意以十亿美金的代价，买下当年背叛她的人的性命！

村人陷入两难：也许当年确实错在男孩，迟来的正义虽然残缺，也还是正义；可是，以金钱换取正义，良知何安？在错综复杂的情怀下，日子一天一天地过去。可是，有些微妙的转变却无声无息地出现：村人的消费水平慢慢增加，对朋友和店铺的赊欠也逐渐上升。最后，村人终于通过：男孩必须为自己当年的行为付出生命。复仇之后，老妇人夙愿以偿地离开，留给村人十亿美元的财富！

这是小说里的情节，不是真人真事。作者是瑞士人杜伦麦，书名为《造访》(*The Visit*)，被誉为是20世纪最重要的德文作品之一。因为情节曲折，道德和物质、情感和良知的冲突扣人心弦，因此编为舞台剧推出后广受欢迎。剧本后来也改编为电影，美国20世纪福克斯公司制作，由影后英格丽·褒曼和影帝安东尼·昆主演，轰动一时。也许，人在某种意义上都经历过类似的情境。

1993年6月，瑞士政府宣布，将兴建一座处理中低辐射性物质的废料处理厂；可能的地点共有几处，渥夫许森是其中之一。渥夫许森的村民表示，如果经过公开合理的程序而被选定，他们会基于社会公益而支持；可是，如果公司想以“回馈措施”来取得他们的支持，他们会坚决反对。

在命运的安排下，渥夫许森被瑞士政府选为废料处理厂的预定地。公司进驻村落，和当地居民展开协商，以取得村民的支持。这个村落共有640户人家，2 100人。公司刚开始提出“回馈条件”时，村民一致反对。公司提高价码，村民不为所动；公司再提出更优渥的条件。在这个过程渐次发展的同时，一些微妙的转变悄悄地出现：村人的消费水平慢慢增加，对朋友和店铺的赊欠也逐渐上升。有些村民在翻修房舍时，会多添上一两间客房；理由是成年子女或“客人”来访时，可以有个住处。万一有人要短期“租用”，也刚好能派上用场。

公司持续提高价码，终于，在1994年7月，村民会议以超过60%的多数票通过，同意在渥夫许森设置废料处理厂。最后的价码是：公司每年提供三百万美元，充作地方建设基金，连续四十年。这笔钱等于平均每户每年五千美金，大约是每人年所得的六分之一。“走路工”（“买票价格”）说多也不算多，说少也不少。

这是真人真事，不是小说里的情节。瑞士籍的经济学者佛瑞（B. Frey）教授把事实经过以及访谈所得写成论文，发表在1996年的《政治经济评论》上；论文的题目就是：当老太太造访你家后院时！

在论文最后，佛瑞教授提出几点看法，算是由这桩事件中所学得的后见之明。首先，厂商不须心急，最好能慢慢地说服当地民众。而且，在刚开始时，可以以小型计划作试探，一方面向当地居民说明条件，一方面也可以降低“一次下注”的风险。其次，回馈条款最好以地方建设这种间接的方式提出，而不是直接以金钱“收买”当地民众。而且，条件可以逐步提高，让民众有时间琢磨这些条件对自己的意义。最后，对于这种牵连甚广、又不常发生的事，民众愿意公开表达的意愿，和心底真正的想法可能有一段距离；要取得真正的民意，需要时间、也需要技巧。

当然，还有很多问题佛瑞并没有处理。譬如，对于两千人的小村落和对于二十万人的区域，问题的性质可能就有相当大的差别。而且，在金钱（回馈条款）和道德（公众利益）之间，真正的关系到底是如何也不清楚。还有，渥夫许森的例子具有多少的普遍性，在其他地方也是如此吗？

不过，即使佛瑞教授的故事并不完整，事实上每一个人都可以自问：当富有的老太太来访时，自己的反应会如何？优渥的条件是“收买”吗？还是只是一种“互惠”？更麻烦的问题是：如果表明就是“收买”，自己会坚持多久？自己又能坚持多久？

似乎，即使当大家都说好的时候，也只表示现在活着的人说好；过去的人和未来的人未必同意，而这些人的意见也许更为重要。具体而言，在民主之外，“法治”也许才是民主政治的守护神。法治，反映了过去所累积下来的价值，但是也代表了现在的人所可以依恃、同时也必须要（值得）受到节制的长城。

理论和偏好

如果人们都维持自己的认知和逻辑，那么在交往互动和处理公共事务上，不就变得“一人一把号、各吹各的调”了吗？人们彼此之间的歧异，到底要怎么来梳理呢？

下面的故事，就是试着澄清公共事务的性质。

为真理而战

美国的布坎南教授于1986年得到诺贝尔经济学奖之后，收到世界各地的邀请，请他去演说和讲学。

盛名所累之下，这些邀请有时候多得他几乎无法负荷。但是，他总是尽可能地拨冗应邀，特别是对于那些来自小学校、小地方的邀约。他希望能到那些其他大师可能不愿意一顾的地方；因为，他说，他要让这些地方的人亲眼看到，像他这样一位来自小学校、数十年学术生涯里备受忽视冷落、没有显赫资历的学者，一样可以经由长时间平实的努力而得到学术领域的桂冠！

在这些演讲的场合里，布坎南总是一而再再而三、不厌其烦地阐扬他所创学科“公共选择”和“政治经济学”的精义。有一次，他谈到了规划宪章时的难处……

一般政治学者在探讨政治问题时，往往针对眼前的各种政治现象来讨论是非，以及提出革兴的建议。可是，既然政治现象是在现有典章制度结构之下的产物，要改善现况就值得从比较根本的典章制度本身着眼。不考虑结构性问题、而只在个别问题上打转，就有点像“头痛医头、脚痛医脚”；永远是一种消极片面的因应，而不是全面积极地主动调整。

一旦把关注的焦点由“个别问题”转移到“基本规章”上，下一个问题当然是：怎么选择典章制度？既然有那么多不同的典章制度，怎样才能选出众人所支持、可长可久的典章制度？

对于这个棘手的问题，布坎南毫不回避，而且是正面面对。他把一个人对典章制度的选择分成两部分：“理论”的部分和“偏好”的部分。既然可能的典章制度有很多种，而每一种典章制度的特性各不相同；因此，值得平实深入地了解各种典章制度的特点，以及实行之后所可能产生的结果。这个部分就可以借助社会科学，乃至于自然科学研究的结晶，客观地加以比较。这纯粹是推理和分析，丝毫不带感情的成分；这就是“理论”的部分。

即使经过比较分析，知道每一种制度的特性；但是，每一个人基于各自的背景、身份、地位，而会对各种特性有不同的好恶。譬如，大家都同意直接税和间接税各自的特性不同。可是，如果我是家有恒产的人，当然反对偏重对财产课税的间接税；如果我是靠薪水度日，当然赞成多课间接税而少课所得税这种直接税。这纯粹由个人特质而产生的好恶，是不能用“理论”来解释的；这就是“偏好”的部分。

既然典章制度的取舍是由众人来选择，因此，对于“理论”的部分，就值得通过沟通说理，取得大家共同的认知——一种对理论的“共识”。可是，对于“偏好”的部分，每个人既然各有所好，也就毋须强求一致，而只要找到彼此能容忍共存的交集就可以了——一种不同偏好下的“妥协”。

布坎南对“理论”和“偏好”的观点当然很有启发性。对于典章制度的选择，大家可以先把各种可能的安排放在一起，理智客观地比较各个安排的特性；然后，在尊重每个人偏好歧异的基础上，寻求大家都能（勉强）接受的妥协。更广泛地看，“找真理”只不过是在“理论”层次上的辩难而已。一旦进入“偏好”的层次，“真理”根本不存在；有的只是每个人自己的好恶。这时候，除了尊重他人的好恶——就像希望别人也尊重自己的好恶一样——没有、也不应该有其他的企望！

布坎南曾用一句话精致传神地点出了民主政治的内涵，他说：有些人喜欢吃大蒜，有些人不喜欢；同样的，对于援外的支出亦复如此！仔细想想，吃不吃大蒜每个人可以各取所好、各得其所；援外和其他的公共事务却不能这么做，而必须有其他能为众人所接受的安排。不是吗？

由故事里的论述可以发现，在人际互动中，可以试着找出某些大家共同接受的交集；然后，在这个交集的基础之上，处理那些不属于交集的部分。

当然，关键之一是：在公共事务上，哪些是大家所都认同的“交集”？

结语

传统政治学里，对政治过程或民主政治有一些基本的信念，这些信念也成了一般人所认定的价值；譬如，找到真理或好人、少数服从多数等等。可是，由经济学的角度来看，政治过程只是人们从事的诸多活动之一，和真理、圣人无关；而且，通过少数服从多数和表决，也未必会得到好的结果。因此，在学理上，传统政治学的诸多观念必须修正或扬弃；而一般民众对政治和民主，当然也值得更精致的认知和体会。

要为民主下个明确的定义，显然并不容易。不过，虽然我们不一定知道民主“是”什么，我们却很清楚地知道民主“不是”什么：

民主，不（只）是少数服从多数！

民主，也不（只）是选举和代议！

第十一章

到民主之路

如果民主就是少数服从多数，那么，在任何一个时点上，社会里极有钱的人只是极少数，难道其他人可以“少数服从多数”地把这些有钱人的财产充公或均分吗？

几年前，校园民主的呼声甚嚣尘上；各级的学术主管，几乎都由选举产生。可是，在选风欠佳的情况下，大学校园内的选举，却产生了许多令人意料不到的现象。

有一次，我听到别人转述某个学院院长选举时的一段插曲：因为竞争激烈，所以拜票拉票的动作不断。在一个风和日丽的下午，候选人之一在校园内的水池旁碰到一位同事（学弟）。候选人诚挚无比地向这位同事剖明心迹；然后，为了表示自己的情怀，候选人向同事（学弟）下跪！看到自己的学长下跪，学弟当然也慌忙跪下，两人拉拉扯扯，都不愿意起身。学生们由旁边经过，不知道发生了什么事，还以为是两位同志决定私订终身！

事后，候选人坚决否认，表示绝对没有下跪的事；不过，有人问那位同事（学弟）时，他二话不说，把自己的裤管拉起。两个膝盖上，都还是跪在小石子地上留下的淤血！当我听到别人转述这件轶闻，觉得心灵上受到很大的冲击。两位大学教授，竟然会为了选举而下跪发誓；当天晚上，我辗转难眠。心里还仅有的一份纯真，好像就在那天晚上消逝无踪。几天之后，我开始在脑海里琢磨。下跪（当然）不是民主，不过，民主到底是什么？

在这一章里，我将描述这一趟“探索民主之旅”的过程。首先，是提出对民主这个概念的好奇；其次，尝试捕捉民主的精神；再次，是思索实现民主所采取的方式。最后，是探究维系民主的核心价值。

民主是什么？

如果要用一两个核心的概念，来捕捉民主的精髓；那么，这一两个核心概念是什么？

下面的故事，就是以真实的事例，反映出问题的微妙。

民主的真谛

在“大学自治”、“校园民主化”的趋势之下，系里前一段时间通过了“系（所）主任遴选办法”，明定以普选的方式选出我们的系（所）主任。

前不久系主任因故出缺，系里上下就煞有介事、中规中矩、按部就班、照章行事地依“遴选办法”办理选务工作：先是联署推荐候选人——每一位候选人要有系里五位（以上的）老师联署才能成为候选人；然后是公布候选人名单及政见；再就是十天左右的“竞选时间”；接着是一个星期的投票（因为考虑到任课老师到学校的时间以及在海外游学老师的权利)；最后当然是开票。

虽然这是第一次依“遴选办法”办理选举，在过程里也不可避免地出现了一些瑕疵和疙瘩；但是，新的系主任还是在紧张的气氛中顺利产生。虽然，选举结束已经有一段时日，但选举期间的一些点点滴滴却常在我脑海里浮现……

在竞选的那十天左右，大家的生活好像都有点不一样；教员休息室里经常看到候选人进出，帮忙助选拉票的人也在每个研究室之间穿梭。有人说，这一个星期里接的电话比去年一整年接的还多。新的友谊（联盟）在热切的招呼下出现，（有些）旧的交情在摩擦误会里消逝。多年前的疮疤被很有技巧地提起，新的指控也在信誓旦旦的陈述中慢慢凝结。“贿选”、“桩脚”、“口语”、“秋后算账”的字眼会偶尔在耳边响起……

根据我的接触和耳闻，系里老师投票支持某一位候选人的原因各有所据、不一而足：

·我投给他是因为他教过我，是我的老师！

·因为上次选举他来拉票时，我已答应投给另外一位；所以，我当时答应，这次选举会投给他！

·他人不错啊；我出国时，他都帮我照顾我研究室里的室内植物！

·他是我大学同班同学嘛！

·我投给他，是因为帮他拉票的人在我太太当年晋升时，帮了很大的忙！

·我们已经有二十年的交情了，当初是一起干助教上来的！

·我能回到母系教书，全是我老师的提拔；我当然投他！

· 我们的研究室就在对面！

· 帮他拉票的是我的好朋友嘛！

· 我们中午常一起吃便当啊！

· 我说他买两瓶啤酒请我，我就投他；结果他真的买了两瓶台湾啤酒给我！

按理说，选举应该是要“选贤与能”的——尤其对（我们）这群高级知识分子而言。不过，在诸多言之成理的说辞里，好像没有（几个）人是因为某候选人学问好、能力强就支持他的。有的尽是人情上的往还（包袱），人缘的好坏反而变成最重要的因素。这到底是怎么回事呢？是因为刚采用选举这个制度，在过渡阶段大家还不适应？还是在这种小范围里的选举，最后必然是以人情为依归？或者，系主任本来就是为大家服务，人缘好才能推动系务，所以当然应该让广结善缘的人出线？那么，是不是选举的意义就是在于选出最有人缘、平常最注意（经营）人际关系的人呢？民主的真谛到底是什么？

开票时发现有一张选票的选章是盖在两个候选人之间；三分之二在一个名字上，三分之一在另一个名字上。没有人能肯定地说这张票是谁投的，不过，“据说”投这张票的人是因为不胜其扰，所以先后答应两位候选人。因此，为了遵守诺言，他两个都支持……

纯粹从技术上来看，这个故事透露出一点重要的讯息：在大范围的选举里，不论是候选人和投票人之间，还是投票人和投票人之间，彼此都没有直接的接触。谁投票给谁，只有自己知道；

而且，事后也不会再密切接处。

可是，在小范围的选举里，彼此之间平日就有非常密切的交往；言谈举止间，多少都会不经意地显示出自己的好恶。因此，一旦采取投票的方式，很容易就变成泾渭分明的“靠边站”——谁投给谁、没有投给谁，彼此可能都一清二楚。对于日后还要天天碰面的交往互动，平添了许多额外的酵素！

不过，这个故事也具体而微地反映了，“校园民主”其实是一个很抽象的概念；虽然听起来诱人，可是要充填有意义的内涵，却不容易。

自由和平等

在某些极权国家里，也有选举；而且，候选人通常只有一位，得票率也经常超过90%！生活在外面的人，会一笑置之；生活在这些政权里面的人，往往会流传出很多反讽嘲弄的笑话。因此，选举，可能只是民主制度中的一个（小）环节。民主，可能隐含了许多其他重要的成分，也可能意味着需要一些很基本的价值来支撑。

下面的故事，就是对民主内涵的探索。

民主的基础

前一段时间，校园里某个系的系主任出缺，就以普选的方式选举新的系主任。候选人有三位，不过焦点集中在其中两位年龄、资历相仿的老师。

这是大学校园里的选举，候选人和“选民”都（应该）是社会上最能以理智思维来取舍，而不受其他因素影响的人；这应该是“君子之争”。可是，也许对大家来说，选举还是需要摸索学习的“新事物”；所以，在竞选过程里也发生了一些令人遗憾的曲折。

候选人之一在系里从助教开始，服务已经超过二十年，在院里和学校都有很好的人际关系；有他当家，对于系里在向外争取靠山上当然能得心应手。也许是在拉票时他把这个优点讲得太顺口了一些；另外一位候选人的支持者放出风声，说他“贿选”——说他向系里副教授保证，如果他当选，可以把晋升的尺度放宽；在院里和校方也都能护航过关！

同样一件事总可以有不同的讲法，被传开“贿选”的那位候选人的支持者倒过来也放话，说另外那位候选人有恐吓胁迫的嫌疑——因为他们的说辞是：如果副教授们支持那位“贿选者”，等于是自己对自己在学术上“放水”；将来在提出晋升时走着瞧！

虽然“贿选”和“反贿选”都和我无关；可是，站在事不关己、旁观者的立场，我却觉得有点困惑：以选举来解决众人之事号称是“民主”的精髓。可是，选举所（可能）隐含的威胁利诱，以及对当事人心理上的考验折磨，难道是民主正常运作的一部分吗？到底什么是民主？民主的真义是什么？

稍稍在脑海里咀嚼一下这些问题，我觉得有点迷惘，也有点惶恐……

“民主”应该不只是“少数服从多数”吧！如果这就是民主的真义；那么，在任何一个时点上，社会里极有钱的人只是极少极少数，难道其他人可以“少数服从多数”地把这些有钱人的财产充公或均分吗？还有，选举投票时，当选人获得的票往往不到投票人数的50%——还不包括那些没有投票和不能投票的人口；即使如此，大家还都承认他（她）当选。这似乎也不是少数服从多数！

民主似乎也不只是以“选举”来解决众人之事。民主社会里司法体系的各个环节通常不是由选举产生的，可是，相信大家都同意：让民主政治正常运转，司法体系是很重要、不可或缺的一环。同样的，大众媒体也不是由选举产生的，可是大众媒体对民主政治更具有监督防腐的功能。所以，选举应该只是民主政治的一（小）部分而已！

那么，追根究底，民主的本质到底是什么呢？仔细琢磨一下，也许民主的真义是在于人——相关的人——能在“自由”和“平等”的基础上，摸索出一些众人所接受、解决众人之事的做法吧。最后的“做法”是什么并不特别重要，（三权分立或五权分立各有利弊，中央集权或地方分权要看条件）；重要的是，参与者能在平等、自由的基础上，无拘束、不受心理压力或肉体胁迫地表达自己的意见。然后，经过沟通、协调、妥协、合作，得到的是什么就是什么——如果在平等自由的基础上大家决定要由一个人完全代理（独裁），这又有什么不对！

如果在“平等和自由”基础上决定众人之事是民主的真谛；那么，系主任似乎也不一定要由“选举”来产生吧，不是吗？

经济学者常强调，最好市场里有“竞争”。原因其实很简单，因为当买方和卖方都面对竞争时，等于彼此是处于平等的地位。（在垄断的市场里，只有一家厂商，买方和卖方显然就不是处于相等的地位。）既然是处于平等的地位，经由自愿性的交易，当然就得到双方互蒙其利的结果。

在市场里是如此，在政治过程里也是一样。不过，要维持政治过程里的平等和自由，并不是一件容易的事！

方式

在民主政治里，选举代议其实只占了人们日常活动很小的一部分。而且，政府通过行政体系推展政务，司法机关通过本身体系维系法治，都和选举没有直接的关系。可是，却没有人会表示，政府或法院不是民主制度的一部分。那么，人们站在自由和平等的基础上，通过哪些方式来体现民主的内涵呢？

下面这个故事，就是关于方式和手段的考虑。

到民主之路

虽然一般人在思考社会问题时，会很自然地从“公平”、“正义”这些角度着眼；可是，如果要进一步地追问到底什么是公平和正义，得到的可能就是一个困惑的脸庞和有点被激怒的表情……

约翰·罗尔斯（J. Rawls）教授在1971年出版《正义论》，这本书对于社会科学研究者产生了深远的影响。在这本名著里，罗尔斯用闻名遐迩的“差异原则”来界定一个他认为正义的世界：如果在一个世界里，贫富之间的差距是能让最不幸的分子得到最多的照顾，那么，这个世界就是合于正义的！

虽然这个“差异原则”很有启发性，可是长远来看，罗尔斯的贡献应该是在于他为思索问题提供了一个新的角度——他以“无知之幕”的观点来讨论原则性的问题：在思索社会问题时，为了避免一个人受到自己身份、地位、职业、性别等等因素的影响而有偏误，最好试着从目前的身份中抽离出来。假设自己眼前有一层“薄纱”，一个人不知道薄纱掀起之后自己的身份或地位；那么，既然将来自己有可能落在任何一种身份和地位里，所以在思索规划社会制度时，就可以摒除个人私利的考虑，而纯粹从“公平”和“正义”的角度去斟酌。

罗尔斯的创见确实发人深省。不过，既然在思索问题时人事实上已经存在，也就（不可避免地）知道自己的身份；那么，“无知之幕”由何而来？

布坎南和塔洛克（G. Tullock）这两位学者提出一种比较周到的看法：虽然在想问题时，人不可避免地已经知道自己的身份和地位，也就有自身利害的考虑；不过，未来总是充满着不确定性。今天是高官巨富，明天可能已经是过眼烟云而成为布衣走卒。所以，只要未来存在着这种“不确定性”，那么，一个人基于自利自保的考虑，就会设想出比较公平合理的制度——因为自己将来总有可能成为需要别人济助的弱者。

布坎南和塔洛克的观点虽然比罗尔斯的更有说服力；不过，人所面对的问题往往就在眼前，而不是在遥不可及的未来。那么，在想问题时是不是有更直接、更平实的角度？

社会学者科尔曼提出了一个更具体生动的思考方式：在思索社会问题时，先从自己的立场（利益）去想；然后，再假设自己是一个立场（利益）完全相反的人，再由他（她）的角度去想。如果有某一种安排能被这两个完全不同立场的人所共同接受；那么，这显然就是一种好的、而且是可行的做法。

把科尔曼的想法换一种说法，其实就是“己所不欲，勿施于人”的道理——你自己所不愿意接受的安排，别人也不会愿意接受；因此，这将不会是一种大家能一致赞同的做法。

不论是罗尔斯的“无知之幕”、布坎南和塔洛克的“不确定性”，还是科尔曼的“站在别人的鞋子里设想”，对于思考公共事务都有相当的启示。不过，这三种观点事实上都隐含着以理服人的特性——通过说服的方式，希望别人能接受自己的想法，希望在观念上大家能找出讨论的交集所在。

然而，人毕竟是人，你的“己所不欲，勿施于人”很可能就和我的“己所不欲，勿施于人”不一样；“讲道理”有时而穷。在这种情形下，是不是还有其他可以凭依的准则呢？譬如，如果说民主的真义就是在于“众人在自由和平等的基础上解决众人之事”；那么，当有人（大家）对“自由和平等”有很不一样的解释时，怎么办？

也许，追根究底，“民主”就是一种“讲理”和“说服”的过程。除了诉诸人的“理性”，事实上别无所依。这一方面反映出人的脆弱性；但是，另一方面，或许这正反映出对人的信心和期许吧！

因此，民主政治所采纳的方式，可以有多种；可是，无论具体的做法如何，都隐含了以讲道理的方式来处理公众事务。

最高指导原则

在有些民主国家里，议会是上下两院，有些国家则是单一国会；同样的，有些民主国家是采取总统制，有些则是采取内阁制。虽然采取的制度（工具）不同，可是丝毫无损于实现民主政治的内涵。那么，在分歧的表象之下，有没有某种核心理念（或价值），是这些民主国家所共有的？

下面的故事，就是对民主政治核心价值的探索。

民主的精髓

二次大战后，年轻的布坎南刚从美国海军退役；在芝加哥大学取得经济学博士学位之后，到弗吉尼亚州的一所小学校任教。没多久，在大学里主修国际关系、战后曾在美国驻天津领事馆服务的塔洛克，也因缘际会到同一所小学校游学。

布坎南和塔洛克虽然所学不同，但是两个人很快就找到了交集：对政治现象的探索。然后，他们取长补短，在1962年出版了《众论》（*The Calculus of Consent*）——一本以经济学的分析工具探讨政治现象的论著。这本书不但开创了“公共选择”这个新的研究领域，对经济学和政治学都产生了深远的影响；而且，由于这本书和之后的贡献，布坎南教授于1986年实至名归地得到诺贝尔经济学奖！

在这本经典之作里，到处可见两人心血智慧的结晶。只要仔细看完全书，相信任何人对民主政治都会有一番迥然不同的体会……

因为布坎南是经济学者，所以书里很自然地就从经济学的角度来认知和阐释政治活动：在市场里，买卖双方一手交钱一手交货。两个人通过“交易（换）”不但均蒙其利、皆大欢喜；而且，更重要的是，“交易”隐含着双方都是自愿的，并且都同意交易的条件和内容。如果买卖双方的任何一方有异议，互利的交易就无法达成。因此，交易意味着双方之间有某种“共识”。

当然，“市场交易”不能解决人的所有问题，类似交通、国防、治安这些事只好交由“政治过程”来处理。在现代民主社会里，这些事就是通过选举代议、均权制衡这些安排来解决。可是，在观念上来说，政治过程也可以看成是一种“交易（换）”：我按时纳税以换得别人也按时纳税，我放弃为所欲为的自由以换取别人也放弃为所欲为的自由。因此，我们事实上可以由“交换”的观点，而不是由传统政治学强凌弱、众暴寡的观点来认知政治过程。

既然在市场里的交换是双方都蒙其利，政治过程里的交换也应该是能让所有的参与者都得到好处。民主社会里是以表决的方式来解决众人之事；因此，唯一能保证让每一个人都获利的表决方式就是“全体一致同意”——除非自己同意，否则任何一个议案都不能通过，所以自己不会受损。因此，除非议案对自己有利，否则自己不会赞成，自己一定能从通过的议案中享受到利益。“全体一致同意”就和市场里两人之间的交易一样，能取得所有相关人的“共识”。

可是，虽然“全体一致同意”在概念上很有启发性，在实际运作上却窒碍难行。每一个参加过会议的人都知道，三个和尚已经没水喝了；要寻求众人的“共识”，谈何容易。布坎南和塔洛克是聪明人，当然也体会到这一点。不过，这事实上正好衬托出他们对民主政治观点的积极性：在处理众人之事时，应该是采取能保证皆大欢喜的“全体一致同意”。不过，众人彼此之间沟通协商、争执冲突等等，都要付出时间心力。要达到“全体一致同意”的共识，成本非常可观。因此，为了避免耗费太多沟通协商的成本，就可以勉为其难地不采取全体一致同意；而以三分之二或二分之一的简单多数同意来替代。

因此，“全体一致同意”是处理众人之事的标杆。虽然因为实际因素的考虑而“放弃”全体一致同意；不过，那是不得不、是退而求其次的做法。在观念上，要尽可能地照顾到所有人的利益。如果人在市场交易里可以获利，为什么在政治过程里不能有同样的期望？如果少数服从多数是民主的精义的话，那些“永远的少数”难道不会揭竿而起吗？

布坎南和塔洛克所强调“全体一致同意”的概念当然不需要限制在“表决规则”上；一般人对于民主政治的体制和对私有财产权的支持，都可以看成是在某种意义上实现“全体一致同意”。难道不是吗？

当然，有趣的问题是，如果社会里没有一致赞同的共同基础（共识），怎么办？答案其实很简单：在有了共识、愿意坐下来讲道理之前，可能不可避免地会有一段混乱时期。在这段时间里，强凌弱、众暴寡，比拳头大小和声音高低。等到大家慢慢体会到，强弱众寡都可能会易势，拳头声音都不是恒久的依恃；这时候，大家才有可能彼此同意，摸索进入坐下来、讲道理的阶段。

再思投票的意义

在新兴的民主社会里，一般民众初尝民主的美味；除了有一丝好奇和犹豫，往往有更多的憧憬和期盼。在这种情怀之下，对“公民投票”似乎有许多向往和坚持。然而，绝大多数民众所不了解的是，公民投票其实只是民主制度的一个小枝节；而且，这个枝节的存在和意义，其实是由许多其他条件所支持。

下面的故事，就是对公民投票的内涵，作比较深入的探究。

有关“公民投票”的“公民投票”

前一段时间，美国参议院在审议一个由总统提出的法案时，引发了激烈的争执。支持和反对的双方唇枪舌剑、合纵连横之后，开始投票。开票结果：48 票赞成，48 票反对，4 票弃权。

依参议院的议事规则，当双方票数相等时，参议院主席——也就是副总统——可以投票。既然法案是由总统提出，副总统当然投下关键性的赞成票。主席投票之后宣布结果，还不忘记美式幽默地加上一句：行政部门以“极大的差距”获得胜利！所有的参议员都鼓掌大笑，不论立场。

虽然这件事有点像是民主政治的“花絮”或“佳话”；但是，仔细想想，这件事却寓有深意：即使赞成和反对的双方对“问题本身”的意见南辕北辙、互不相让；可是，一旦投票表决，双方对“表决结果”都一致遵从。因此，民主政治的重点，似乎并不在“投票”本身，而是在于大家对“投票”这种决定事情的方式，以及对“投票结果”的共识和支持。

事实上，这个观点还可以作进一步的引申，尤其是对于“公民投票”这种独特而重要的决策途径……

既然公民投票牵涉到社会所有的组成分子，决议的事项也可能有相当的争议性，而表决的结果又往往有强制的约束力；因此，对于以“公民投票”的方式来处理某个议题，可能会有很多的人反对。所以，在以“公民投票”表决之前，应该先要决定：“要不要采取‘公民投票’来决议某个议题?”

这个“要不要‘公民投票’?”的问题，其解决显然必须先于“公民投票”本身。可是，对于这个“先一步”的问题，又要采取什么方式来决定呢？如果是采取表决的方式，那么是要采取二分之一的简单多数同意，还是三分之二或更多的严格多数同意?这自然要先决定。可是，对于这个“先两步”的问题，又要采取什么方式来决定呢？当然，延伸下去，“先两步”之前还有“先三步”、“先四步”、“先五步”等等的问题……

要解决这种“投票方式的投票方式的投票方式……”——专有名词称为“无穷回归”——的问题，只能祈求在这一连串的表决机会中，能在某一点上取得全体的共识，得到大家的支持。譬如，只要“所有的人”都支持在某一个点上采取三分之二同意，就可以采取三分之二的表决方式来进行下一个表决。一路表决回来，如果都通过，最后才是在大家都支持以“公民投票”来决议的前提下，进行“公民投票”。

因此，“公民投票”绝不只是单纯的投票而已，而是牵涉到投票前、投票本身、投票结果三个部分。除非绝大多数的人都支持以“公民投票”的方式来决议某些议题，都赞成投票过程本身(包括时间、方式、表决事项等等)，都承认表决的结果；否则，当这些条件都不具备时，“公民投票”反而可能成为引发社会动乱、诱发组成分子彼此猜忌对立的触媒！

当社会上一部分人极力鼓吹以“公民投票”来解决某些争议时，透露出的是一种警讯：很可能是因为社会正常的典章制度（譬如选举、代议）不能有效地反映和处理社会成员的心声，因此希望能跨越这些其他的管道而直接由自己来作决定。在这种环境下，除了对准备公民投票的议题多加辩难澄清，更重要的是应该仔细检讨一下典章制度的良否，以及一般民众对这套基本典章制度的信心。毕竟，典章制度到底能不能发挥作用，最后还是要看社会中绝大多数人愿不愿意支持这套典章制度。“公民投票”可以是（或应该是）现代民主社会典章制度的一环；可是，作为一种解决问题或决策的方式，公民投票能否发挥功能，显然要看社会组成分子的意向。

享受美国副总统一票之差“重大胜利”的，应该不是美国总统，而是所有的美国人……

第二次世界大战之后，出现了许多新兴的民主国家。这些国家原来都是帝国列强的殖民地，也希望能通过民主制度而享受富裕繁荣的果实。而公民投票，就是经常被采用的方式之一。可惜的是，民主制度犹如昙花一现；这些国家很快落入部落派系倾轧或强人血腥独裁的境地。对民主内涵的掌握和实现，也许需要相当的时间和耐心吧！

结语

在经济活动里，“市场机能”这个概念，很精致地反映出经济活动的核心精神。在政治过程或民主政治里，如果要找出同样的核心概念，可能就需要费一番思量。

投票选举，只是民主很粗糙的表象。人们在自由平等的基础上，处理共同的事务——这也许是民主的精髓之一。由另一个面向来看，以讲道理和说服的方式（而不是其他方式）来面对问题，也是重要的体会。在最高的层次上，人们某种程度的“共识”，可能是维系民主政治的基本条件。如果没有某种共识，显然不可能进入讲道理的阶段，也不可能有自由平等表达意见的机会。

因此，政治过程和民主政治的源头，可能就是人与人之间某种形式的“交集”（共识）吧！

第四篇

当法学遇上经济学

第十二章

公平正义的真正意义

“生命无价”充满了道德性的意味，却没有实际操作上的内涵。如果接受“生命无价”的观点，保护动物协会的人恐怕会质疑：同样是生命，为什么人命无价，而动物的生命却是有价的？

在英国，著名的是名胜古迹、历史文物，但绝不是食物。英国名气最大（也备受嘲讽）的食物，大概就是炸鱼薯条（Fish and Chips）。

炸鱼，是将一大块鳕鱼裹面油炸；薯条，要比麦当劳的粗大很多。两者都没有加任何调味料，要自己洒上一些胡椒粉或沾一点西红柿酱。典型的食之无味，弃之可惜。然而，说来奇怪，在经济学的发展上，炸鱼薯条却有不可忽视的关键地位。

诺贝尔奖得主科斯在英国出生，在伦敦政经学院受教育，也在英国教了一段时间的书，然后才移居美国的芝加哥大学。他在1960年发表的论文《社会成本问题》，不仅是经济学和法学这两个领域里被引用次数最多的论文，而且这篇论文被公认是“法律经济学”这个新兴领域的奠基之作。

在这篇经典之作里，科斯举英国历史上的一个官司为例：在一个住宅区里，有位老兄开了一家炸鱼薯条专卖店；虽然香味四溢，但是有人不满，而且告到官府里去。法院留下的判决书显示，法官们是从对错和因果关系着眼。科斯却不以为然，他认为：在考虑这个问题时，应该斟酌：哪一种界定权利的方式可以使“社会的产值”最大化？

换言之，他认为：衡量原告被告有理无理，不应从公平正义的角度着眼，而值得从经济效益的角度评估！这个观念上的转折，不仅震撼了经济学界和法学界，也开创了法律经济学这个领域！目前，法律经济学不但蓬勃发展，而且已经逐渐为传统法学界所接纳，也正慢慢地在改变整个法学的风貌。更重要的是，在经济学向政治、社会、法律等领域扩展的过程里，法律经济学是成果最为丰硕的领域。

在这一章里，我将先利用一个实际的案例，说明传统法学和经济学在分析角度上的差别。然后，我会试着阐明，公平正义的概念除了一种价值，也是一种“工具”。最后，则是考虑，如何选择较适当的工具。

法学传统

我曾经受邀到某个单位介绍法律经济学，这个单位有非常多的法律学者，结果少不了是一番唇枪舌剑。事后，主办者（也是一位法律学者）告诉我，千百年来法学有非常光荣高贵的传统；对于法律，法律人都有一种自然而然、无可名状的骄傲。因此，一旦面对其他学科的挑战，当然会有点义愤填膺。

法律人觉得自豪，当然可以理解。和经济、政治、社会等学科相比，法学至少具有两点很特殊的性质。首先，如果把经济学者、政治学者和社会学者全部铲除，社会照常运转，人们还是会从事经济、政治、社会等领域里的活动。这些领域里的学者和理论，可以说无关紧要。法学则不然，司法体系的运作和法学理论密不可分，法律学者的地位重要无比。而且，这些法学学者形成一个自足的封闭体系，本身就是至高无上的权威。法律学者说谁对谁就对、谁错谁就错；经济学者说哪种牛奶好喝，有谁会搭理他？

其次，在其他学科里，文字记载并不特别重要；可是，在法学里，无论是采取成文法还是采取不成文法的国家，文字记载都非常重要；法规或判例，都借文字来保存。而且，文字的内涵，就是由法律学者来阐释和决定，然后对社会一般大众产生约束力。

这两个因素结合在一起，使得法学有非常浓厚的历史性、传承性、规范性；同时，也使法律学者自满，觉得自己是置身（依附）在一个尊荣无比的传统之中。

法律经济学

既然传统法学自给自足，又有尊贵高雅的传统，市俗（市侩）无比的经济学能有什么贡献？

多言无益，下面的故事，或许可以稍稍反映出经济学对法律问题的特殊见解。

金手指的故事

生命是无价的吗？这是个有趣的问题。不过，这当然是指人的生命；动物的生命是有价的——小犬曾在假日花市买了两只寄居蟹，大的三十块，小的二十块；所以，动物的生命不但有价，而且价格不一。

为什么"生命是否无价"这个问题有趣？是因为这和一连串的法律判决有关。每隔一段时间，报纸上就会出现"金手指"或"金脚趾"的故事：有人在几家不同的保险公司投保意外险，总保额往往逾亿元。然后，到大陆或越南的偏远地区旅游时，发生意外，削掉小指头。因为四肢伤残是重大伤残，所以会得到高额理赔；少了一（两）根指头，多了几千万的钞票。保险公司认为是恶性的重复投保，是欺诈，所以拒绝理赔。投保人告上法院，而法院一直判决原告胜诉，理由是：财产可能会过度保险（房屋值五百万，投保火险五千万，然后纵火而申请理赔）；可是，"生命无价"，所以不可能过度保险！

不过，人命真的无价吗？过去飞机失事，每位乘客赔两、三百万新台币；随着经济增长和民意高涨，赔偿的金额愈来愈高。最近一次空难，每位遇难乘客赔新台币一千两百万。另外，过失致死时，往往会根据死者的"终生所得"来赔偿；因此，医生律师赔得多，一般人赔得少。还有，消防队员有职务加给，老师没有——因为消防队员的生命要经常面对考验和威胁。还有，买汽车时如果要加安全气囊，要多花几万块，但是对生命比较有保障。

所以，事实上，生命不断地以各种不同的方式、直接或间接地被赋予某种价格。

一般人会认为“生命无价”，可是这是一个未经深思的概念，因为一般人不需要去面对“定价”的情形。一个例子足以烘托出中间的曲折：台湾“故宫博物院”里有许多“无价之宝”，万一发生战乱，试问要救人还是救古董？还有，如果法国国家博物馆送给“故宫”一个法国国宝，“故宫”要回礼，那么，在“故宫”众多的无价之宝里，是不是也有高下轻重的差别——我们可能把“翠玉白菜”送给法国吗？因此，“无价之宝”和“生命无价”一样，都是没有经过仔细检验的概念；一旦面临试炼，还是能分出一个大小先后。

当然，有人会认为，即使因为客观因素的限制，不得不对生命定价；可是，生命“应该”是无价的。假如接受“生命无价”这个概念，那么因为生命太珍贵了，珍贵到不能有丝毫的闪失；所以，人类绝大部分的活动都必须停顿——开车可能会意外丧生，登山也可能会失事丧命，看电影可能会遇上火灾，开刀更不可行……因此，在应用上，“生命（应该）无价”是一个有意义的概念吗？

回到过度保险的事例上，“生命无价”的概念，其实和人会不会过度保险没有直接的关联。如果闯红灯是划算的，就会有人闯红灯。如果高额保险有利可图时，就会有人重复投保。而且，如果维持“生命无价，不可能过度保险”的原则，那么，可以想象得到，会继续有金手指和金脚趾的事件。保险公司败诉赔偿之后，可能不堪赔偿所累，停止提供类似保险；也可能承担损失，但是提高保费，把损失转嫁到其他的投保人身上。无论如何，目前法院的判决，看起来好像是保护人的尊严，其实是诱发和助长人性的黑暗面，而且代价是由其他善意的一般民众来承担！

“生命无价”充满了道德性的意味，却没有实际操作上的内涵。如果接受“生命无价”的观点，保护动物协会的人恐怕会质疑：同样是生命，为什么人命无价，而动物的生命却是有价的？

不知道能不能帮寄居蟹投保意外险？

生命无价，听起来令人肃然起敬；然而，作为一种处理具体问题的原则，却可能引发令人遗憾的后果。相反的，如果不由生命无价这种抽象的理念出发，而只是比较两种规则所造成的后果。然后，由成本效益的角度，或许反而可以比较平实地面对问题，找到适当的对策。

当然，智识上有趣而且极有挑战性的问题是：千百年来，几乎任何社会，都以各自的公平正义理念来处理纷争，也从来没有和经济学有任何瓜葛；可是，为什么现在经济学家却摆出一副“倚天一出、谁与争锋”的架势？至少，法律经济学者必须提出解释，公平正义和成本效益之间的关联是什么？如果要由公平正义的思维过渡到成本效益的思维，逻辑又是什么？

公平正义的逻辑

在原始的部落社会里，当然也会有各种摩擦和纠纷；为了能生存下去，各个部落里会逐渐发展出各自的律法。杀人、伤人、害人的人要受处分或抵罪，几乎举世皆然。而且，因为纠纷的因果关系明确，所以可以容易地以对错、善恶等名词，来对行为分门别类。而后，就利用对错、善恶（公平正义）这些概念，去处理其他纷争和新生事物。

因此，抽象地看，公平正义的概念，是一种“工具性”的概念；对公平正义的追求，并不是最终目标，而只是追求生存繁衍，乃至于富庶繁荣的手段而已。因为资源有限，所以即使是在原始社会里所形成的公平正义概念，背后都有经济上的考虑。譬如，伤害别人，使别人无法从事生产性活动（打猎、捕鱼、耕种），对当事人或整个部落族群都不好。偷窃，也是如此；不过，有趣的是，对许多游牧民族而言，不允许偷自己族人的牛马，却可以偷抢别的部落里的牛马！换言之，公平正义的背后，都存在着某种经济逻辑。

但是，当时间一拉长，公平正义的概念本身，可能变得非常直截了当，而且自成体系；公平正义背后的意义，可能反而变得隐晦不彰。下面的故事，就试着具体地勾勒出，由经济学的角度，探究公平正义背后的考虑。

智慧的火花

美国的波斯纳教授接受的是传统的法学训练，到芝加哥大学任教之后，有机会接触经济分析。在惊为天人之下，他完全接受经济学的分析架构，并且加以发扬光大，也因而成为“法律经济学”这个新兴学科的开山祖师之一。

波斯纳教授曾经说过一句名言：“对公平正义的追求，不能无视代价!”对于经济学者而言，这句话完全合情合理；（譬如，值不值得把三级三审改为九级九审?）可是，对于受传统法学训练的法律学者来说，却觉得错愕和不可思议。其实，价格不只影响法律，也影响民主政治。

在选举时，往往对于候选人有很多资格上的限制。可是，追根究底，许多限制都是不必要的。譬如，限制县市长一定要有高中（或大专）以上的学历，无论是在理论上还是在实务上都说不过去。由理论上来看，高中毕业生不见得具有当政府首长的条件；而且，很多大型企业的负责人，并没有高中毕业的学历。因此，“学历”和“能力”之间，没有必然的关系。如果选民觉得，一位只有小学学历的候选人各方面的条件都好；那么，为什么不让选民自己作决定，并承担后果？而不是由行政部门事先设限，替选民作决定?

因此，对于候选人的资格作很多限制是不必要的；不但没有发挥预期的功能，还可能无益反损。不过，有一点限制却有意义，而且值得愈严愈好：以台北和高雄这两个“院辖市”的市长选举为例，参选人要缴新台币两百万当作保证金。如果得票数少于当选人得票数的10%，就没收保证金。

从公平（正义）的角度着眼，保证金的规定使“穷人”无法参选，等于是限制了一部分人参政的自由；而且，保证金的金额愈高，愈可能使选举——和民主政治——变成“有钱人才能参加的游戏”。保证金的设计，好像和民主政治人人平等的理念背道而驰！

可是，由另外一个角度来看，保证金的设计不但有其必要，而且金额最好不要太低。原因很简单：在现代社会里，大家都忙，没有太多的时间和心思花在选举投票上。不过，选举过程本身就是一种教育的过程；社会大众共同萃取一些信息，共同体验一些经历。因此，政见说明会和电视辩论等等，都是选民观察和学习的机会。

既然这些机会都很难得，当然值得作最有效的利用。因此，比较好的做法，就是让确实有相当民众支持——也就是真正有机会当选的候选人多露面，尽可能阐释自己的想法、批评对手的政见等等。可是，哪些是有机会当选的候选人呢？保证金的设计，就具有筛选过滤的功能。除非你自己真的有把握，除非你真的是有足够的民意基础，能募得足够的选举经费，能缴出相当金额的保证金；否则，何必要浪费大家宝贵的时间，听你一个名不见经传的人稚言说梦。

当然，这并不意味着，选举法规是要刻意地剥夺某些人参选的权利。关键在于，在重要的选举里，选民想看的是属于“大联盟”这种等级的候选人，而不是让大、小联盟的球员一起竞赛；鸡兔同笼也许有趣，却是浪费时间、无法突显焦点的做法。任何想参加重要比赛的球员，最好先从小联盟（不重要）的比赛开始打起。如果能过关斩将，自然有机会在大联盟里上场露脸。直接跨过一连串的小联盟而跳进大联盟，不但对自己无益，对别人也不好。

因此，不仅追求公平正义要考虑代价，追求民主也是如此——最好能以有效的方式，追求民主这种价值！如果对民主的追求是如此，对于其他价值（爱情、友情……）的追求，是不是也值得仔细斟酌呢？

在研究所的课程里，我常问法律研究所的学生：如果追求公平正义，会使我们迈向灭亡，那么还值不值得追求公平正义？刚开始，总有研究生很激动，而且以捍卫法律为己任。慢慢地，他们体会到，公平正义本身不是目的，只是手段而已。既然是手段，也就是工具，当然就值得试着选好的工具。

法律的领域

对法律的认知和阐释，无论是由传统公平正义还是由经济分析成本效益的角度，都累积了可观的智慧。而法律本身，对人的行为当然有重大的影响。事实上，人和法律的关系是互动的：现存的法律影响和约束人的行为，而人的行为引发了新的问题，也因而引出新的法律。所以，在任何一个时点上，一个社会里的法律都有两部分。一部分是历经考验，已经成为稳固不变的核心；另一部分，是正在形成或受到冲击而正在变化的部分。

想得仔细一些，法律也可以由“光谱”的角度来认知：在光谱的一端，是一个人为自己设下的“法律”；譬如，不抽烟、不喝酒过量等等，对于违规，自己也定下（未必执行）了罚则。其次，是人际相处时各种风俗习惯；违反风俗习惯，也会受到环境里其他人的非议或惩罚。再次，是见诸文字（或判例形成的传统）的法律；在现代民主国家，各种成文法里最庄严的当然是宪法。

不过，抽象地看，在宪法之外，还有各种宗教的戒律。宗教戒律的性质，显然是法律学者和法律经济学者很好的研究材料。有趣的问题是，在法律光谱上的这些点，并不是固定不变。有的风俗习惯，变成成文法；有的成文法，被推回风俗习惯的领域。光谱上这些点的位置，以及位置如何移动，都是智识上很有兴味的研究题材。

下面这个故事，就微妙地反映了在法律光谱上的取舍。

令人伤心和伤神的难题

虽然我不常看电视，但回想起来，我也曾听过那首“世上只有妈妈好，有妈的孩子像个宝”的广告歌；而且，当时并没有什么特别的感受，那只不过是众多广告歌曲之一罢了。直到后来看到报上的读者匿名信，才知道有些观众很不喜欢那首广告歌。

父母离异的人、母亲过世或不在身边的人，尤其是孤儿院里的院童，看到那个广告和听到那首歌，除了有情何以堪的感伤，甚至还有一丝被刺伤的愤怒！

然而，同样一首歌对有些人无关痛痒、甚至视若无睹，对另一些人却有椎心之痛，这到底是怎么回事？而且，既然对有些人造成伤害，这首歌是不是该被禁播呢？

就观念上来说，同样一件事对不同的人有不同的意义，可以说是很正常的。有人对臭豆腐爱之入骨，有人避之唯恐不及；有人不可以一餐无肉，有人却是常年吃素。所以，喜好不同应该是常态。就以那首广告歌来说，固然有人闻之哽咽；但是，从另外一方面来看，那首歌的温情难道没有抚慰母亲辛劳、提醒子女孺慕、甚至挽回即将破碎家庭的作用吗？因此，大家好恶殊异本身并不是问题。

比较需要思索和斟酌的是问题的第二个层次：即使大家感受不同，但是确实有一部分人觉得委屈，广告公司、电视公司或新闻主管机关是不是该采取什么行动？

既然那首歌是广告，所以最基本、最直接的反应，应该是对产品的因应。觉得不满的人可以借着拒买这种产品来表达好恶。如果拒买的人够多，厂商自然不得不改弦更张。而且，这些人不但可以拒买抵制，还可通过读者匿名信，也可以打电话给厂商、广告公司、电视公司等进行抗议。这些不同的单位为了各自的市场占有率、形象、收视率的考虑，也许就会有所回应。可是，如果所有的这些都不能发生作用，是不是就该通过法律来限制这类的广告歌呢？

一旦要尝试以法律作强制性的规定，分寸的掌握就变得非常重要。对于自己不喜欢的商品或广告，站在消费者或受委屈者的立场，当然可以作各种呼吁；可是，厂商和电视公司也有决定要不要有所因应的自由。一旦以法律的形式来规范行为，厂商和广告商就没有选择的自由，就不得不受约束。这么一来，原来受委屈的消费者固然不再受委屈，可是，其他的消费者，加上厂商、广告公司、电视公司等等的权利（益），却受到抑制；这些其他的人变成“受委屈的人”。相形之下，原来受委屈的人所受的委屈一定比较严重吗？

换个角度看，一个人的好恶是一回事，但是要把自己的偏好强加在其他人的身上是另一回事。一个人可能很反对离婚，但是，这并不表示一定就要干涉其他人这么做的自由。如果法律可以限制别人离婚的自由，难道法律不会限制你我信仰、思想、言论的自由吗？将心比心，你愿意让法律、让解释法律的人，还有让制定法律的人，有那么大的权力吗？

这么看来，也许可以把对那首广告歌的爱憎和愿意采取的措施稍微划分开来——我不喜欢你讲的话，但我愿意尽可能地抑制我的不快，而尽可能让你有畅所欲言的自由；因为，我知道，对你言论自由的保障，事实上意味着对我自己言论自由和其他许许多多自由的保障！

不过，抽烟不也是这样吗？为什么可以播放伤人心的歌曲，而不可以在公共场所抽烟呢？

在法律的光谱上，自我要求、自我设限的戒律，相形之下是最松的一种。人与人之间的风俗习惯，除了约束自己，也约束其他人；但和法律相比，风俗习惯还是有较大的弹性。光谱上不同的点当然隐含不同的支持条件，也隐含对行为的不同限制；因此，不同点之间的取舍，显然是一个很微妙但也很重要的问题。

结语

对于法律，经济学是由工具性、功能性的角度着眼。法律所反映的公平正义并不是目的，而只是追求或实现其他价值的手段。在诸多可能的手段（风俗习惯、行政命令、法律等等）之间，值得试着选择较好的手段。由经济学的观点，所谓“较好”，自然是指成本较低而效益较高。

关于炸鱼薯条的纠纷，传统法学可能会从对错和权利的角度思索。科斯的着眼点，则是希望能促进“社会产值”的增加。当然，社会产值是一个抽象的观念。譬如，同一家炸鱼薯条专卖店，位于住宅区里和位于食品街上，所隐含的产值当然不同。因此，除了社会产值，还需要其他概念和材料辅助，才能发挥指引方向的作用。

不过，科斯的故事，确实很有启发性；他自己倒是一再强调，他有兴趣的是经济学，对法学并没有太大的偏好。炸鱼薯条的故事，又成了学术思想史上的一段佳话和轶闻。

第十三章

司法有价吗？

资源永远是有限的，50%和80%的破案率隐含着不同的资源付出。我们愿意付出多少资源，来保障民众的权益呢？如果把破案率定在60%，是不是表示警察抓了60%的小偷之后，就可以坐下来休息了？

几年前我曾受一位法律系教授之邀，到他的班上介绍一些基本的经济学观念。我提到："权利"的背后，一定有资源的付出；而资源的付出，一定牵涉到"成本"的问题。我以窃车的破案率为例：50%和80%的破案率，隐含不同的人力物力支出；而这些人力物力的支出，是由纳税人所缴的税来支应。因此，关键的问题是：我们愿意付出多少资源，来保障私有财产权。

记得，当时有一位在场的法律学者提出一个问题：如果把破案率定在60%，是不是表示警察抓了60%的小偷之后，就可以坐下来休息了？当然，这和我的原意有很大的出入；显然，经济学者和法律学者之间的沟通，还需要长期的努力。

这一章主要分成前后两部分，在第一部分里，我先澄清"权利"的意义；然后，是借着法规的变化，进一步阐明权利的内涵，以及支持权利所需要的条件。在第二部分，则是由经济学的角度，分析司法天平所隐含的一些问题。

权利的界定

虽然很多人强调（或声称）“天赋人权”，可是在实际社会里，权利并不是天生的，更不是必然的。作为一个政治上的口号或推动社会进步的理念，也许天赋人权有其价值；但是，作为一个反映社会现实的描述，天赋人权的说服力却非常有限。

对于社会科学研究者（特别是经济学者）而言，权利的背后一定有资源的付出，而资源的付出一定要面对“成本”的问题。简单的一个例子：享受国民义务教育，可以是一种法律保障的权利，但是提供教育一定要有人力物力的付出。在决定要有多少学校、老师、设备等各个环节上，都不可避免地要斟酌成本问题。

下面这个故事，就反映出权利这个概念的重要面向之一。

多少柔情多少泪

为了收集一个项目研究计划的资料，我曾经到政府部门去拜访一位教育单位的首长，预计访谈的时间是四十分钟。

我准时赴约，见了面才发现他比媒体上看来还年轻。这是位专攻心理辅导和精神异常行为出身的学者型教育首长，也是第一位由教师们投票行使同意权的教育工作者。他戴着中度的近视眼镜，说话诚恳，一点都令人感觉不出有政府官员的架势。

我把来意说明，然后我们就针对问题，迅速而有效地交换意见。后来，不知道谈到哪个主题，他突然讲到最近访问美国的亲身经历：他到一所特殊教育的机构参观时，看到一位肢体严重残障的年轻人。这个十九岁的年轻人上半身肌肉萎缩，下半身只是一团肉块。因为他完全不能控制自己的四肢，也不能说话，所以在前额上安装了一个特殊的光纤器。利用这个光纤器发射出来的光束，他可以读、写、说。结果，在这么艰难的条件下，这个年轻人在三位专职人员的照顾和协助下，竟然得到一个全国性的文学奖！

讲完这个感人的故事之后，他就提到自己的政见之一，就是要大力推展特殊教育；要消极地维持人的尊严、积极地让每个人都有开发潜能的机会。可是，对于他的构想，负责管钱的财政主管单位似乎不太热衷。

房间里的气氛有一点庄严、凄美，不过我忍不住讲了一个有点残忍的事实：现在台北市主要道路旁的人行道上，都已经铺上了盲人用的导盲砖。这显然是因为经济发展使大多数“正常人”都享有相当的物质生活之后，才有条件开始注意到少数残障者的福祉。二三十年前难道没有盲人吗？为什么那时候行人道上没有导盲砖？

我的讲法显然和坐在我对面主人的观点大相径庭，他有点急切地睁大了眼睛，连连摇头说：当然不是这样子的；十八九世纪的欧洲经济并不特别繁荣，可是特殊教育却已经办得有声有色！

即使他语调里已经有点急促，不过态度上还是温文儒雅；我也就率直地反问他：在特殊教育里，如果能有两三位医护人员专职照顾一个孩童固然很好。不过，这应该是特例，或者应该是一般性的做法？对于其他（大多数）正常的小朋友，又该花多少人力物力呢？

我们谈得兴起，不过已经超过预定的时间，门外沙发上已有人等着见首长。我起身告辞，并且送给他一本我的文集。他笑着问：经济学的东西我看得懂吗？

在回研究室的路上，我忍不住回想起最后这段有点热烈的对话……

教育首长根据自己的专业素养，强调特殊教育很重要，可是，抽象地看，一件事物的意义是由其他条件所衬托出来的。因此，在思索资源运用的问题时，就值得把各种可能的做法放在一起，在彼此对照之下，再作权衡取舍。特殊教育是不是重要，其实要和其他教育作比较：特殊教育和正常教育各应该占用多少资源。同样的观点，有人认为初中教育很重要；可是，重要到什么程度？因此，值得把小学、初中、高中放在一起考虑，各应该得到多少资源。范围再扩大一些，就是“教育”和“非教育”的比较问题。教育很重要，环保是不是也很重要？国防呢？治安呢？所以，个别来看，每一件事都很重要；但是，站在像首长这种决策者的地位，就值得（或不得不）从较广泛的角度来思索。而一旦把层次提高，问题的性质一定是变成“相对的”而不是“绝对的”！

有趣的是，当教育首长将来变成位阶更高的首长时，不知道他还会不会再一直强调特殊教育的重要。或者，如果有人主张资优生的特殊教育比资弱生的特殊教育更重要；都是“特殊教育”，不知道他会怎样取舍？

其实，这个故事可以稍微延伸一下。没有人会反对特殊教育的重要，可是重要到什么程度呢？两个非常现实的问题：首先，特殊教育固然重要，正常教育当然也不可忽视；那么，在正常教育和特殊教育之间，经费如何分配比较好？其次，一旦决定了特殊教育经费的百分比，在资优教育和资源班（学习能力较弱的小朋友们）之间，又要如何分配经费？

和天赋人权的口号一样，强调特殊教育很重要，并不困难；困难的是，在诸多权利之间，要如何取舍？而且，能不能为自己的取舍说出一番合情合理、能说服自己同时也说服别人的说词？

事实上，在诸多权利里，背后所需要的资源有很大的差别。譬如，要支持言论自由，社会大众毋须付出太多的资源；但是，要支持免于饥饿的自由，社会大众可能就要缴纳许多税赋。这也许就是为什么许多国家在做法上支持言论自由，但是只愿意在口头上宣称支持免于饥饿的自由！

衬托权利的条件

在古时候，邮件往来不便，因此家书抵万金；在因特网盛行的21世纪，天涯不只是若比邻，而且是就在眼前的计算机屏幕上。两相对照，过去农业社会里人们所享有的自由，显然和现在有天壤之别。权利变化的速度，确实令人讶异。不过，是哪些因素促成权利的变化呢？

下面的故事，是借着具体的事例，描述不同权利之间的消长。

“买路钱”的联想

大家都知道在高速公路上开车时，经过收费站要缴钱，而开车走一般的省道就不需要付买路钱。因此，每个驾驶者可以根据自己的判断，选择到底要走“收费”或“不收费”的道路；而且，这个选择和道德上的是非对错无关。

同样的观念是不是可以用来解释台北市某些关于行人的规定呢?

之前台北市“议会”通过一项交通法规，规定在一些重要道路上行人必须走行人穿越道；如果直接跨越安全岛过街，就要缴新台币360元的罚款，或立即接受两个小时的“交通安全讲习”。那么，如果一个行人因为赶时间或其他任何理由，就直接跨越安全岛，而且心甘情愿地缴这360元的罚款；那么，他（她）在行为上是不是有什么可议之处呢?

从观念上来说，跨越安全岛缴买路费可以说是完全“合法的”。法规里等于是表明有两种过马路的方式：一种是走行人穿越道，这种过马路方式的价格为“零”；一种是跨越安全岛，这种方式的价格为360元。就像在路边摊和在百货公司买东西有差别一样，每个人可以根据自己的品味和好尚，决定要怎么过马路、付多少钱。不过，这两种过马路的方式都是合法的——因为法条里明确地规定穿越安全岛要缴360元。

这种说法虽然有点强词夺理，但多少也能独树一格地自圆其说。可是，从另外一个角度来看，规定穿越安全岛要缴钱的用意，不就是希望大家“不要”这么做吗？如果大家都认为只要缴得起钱，就可以大刺刺地跨越安全岛，难道不会造成给交通安全的困扰，给驾驶者和自己都带来不必要的危险吗？

确实如此！但事实上这也就是“过路缴钱”的精神所在。仔细想想在这个法规还没有通过实施之前的情景：在那个时候，穿越安全岛不会被罚钱。那等于过马路只有一种价格——不论走行人穿越道或安全岛，价格是一样的，都是“零”。就是因为在都会区里人多车多之后，基于对行车安全的考虑，所以值得（或应该）让“走行人穿越道”和“跨越安全岛”这两种行为有不一样的“价值”。和以前的情形相比，现在的“差别定价”不是更能让那些想穿越安全岛的人先想一想，愿意多花一两分钟走行人穿越道，还是愿意平白缴360元？

更进一步的考虑是，为了提高行车安全和改善交通秩序，如果没有买路钱的设计，势必要借助于其他的方式：或者在重要街道安排交通警察，或者沿线加装栅栏，或者广设行人陆桥，或者以道德性呼吁诉请市民不要跨越安全岛。这些其他的做法显然也隐含着资源（物质上或心理上）的付出；而且，相形之下，还不一定比买路钱“以价制量”的设计来得有效！

这么看来，“买路钱”的做法所反映的，其实是一种对资源运用的深刻体会：“价格”不但有调节资源的功能，也具有影响行为的性质，而且还是一种很“中性”的媒介！

据说某知名企业家在往返台北和桃园国际机场之间时，为了争取时间，所以车队一路都高速飞驰，而且专走高速公路的路肩。这么做虽然要缴“超速”和“行驶路肩”的罚款，但是，对他而言，罚款和所省下来的时间相比，还是合算。这种作风当然引人争议；不过，这种现象背后所隐含的意义也许更值得思索：怎样规划法令规章和制度设施，使得“每一个人”都可以尽可能地发挥潜能、利己利人。

“买路钱”的意义，显然不仅止于过站缴费而已！

在警政署的课堂上，我曾经讨论上面这个故事，并且问在座的中高级警官：如果我闯了快车道但是愿意缴罚金，我是守法还是违法？经过一番非常激烈的讨论，我的解释是：在闯快车道这件事上，我的确是违反交通规则；但是，事后依法缴罚金，也当然是遵守法律。如果我拒缴罚金，甚至拿起武器来革命，那才是违反整个法律秩序。因此，如果闯快车道而愿意缴罚金，其实还是支持基本的法律秩序。

课程结束后，有一位高级警官在心得里写道：过去一直认为自己是法律的守护神，现在则深切地体会到，自己其实是法律秩序的守护神！而且，违反法律规定的人，可能是基于很多不同的理由，而不一定和道德上的高低有关。因此，以后执法时，可以更心平气和地面对民众。

天平上的视野

在法律还没有成形之前，有点像是林间小径还没有出现；大家各行其道，也没有特别的对错。等到经过一段时日，林间小径形成之后，照着小径走就要省事得多。法律的性质也很类似，在处理许多类似的官司之后，法院和法律学者可以慢慢归纳出一些原理原则。这些“法理”或“法原则”，就成为日后再处理其他官司的依据。

而且，在许多小的法理之上，可以再归纳出更具有一般性的中型法理；在许多中型法理之上，还有更具有原则性的大法理。在法学研究者的努力之下，整个法理，可以编织成一个树枝状的结构图。对于律师、法官、法律学者（还有在准备考试、希望成为这样的人的考生）而言，结构图有助于思索和判断。

不过，民法有民法的结构图，刑法有刑法的结构图；依此类推，还有行政法、婚姻法、民事诉讼法、刑事诉讼法等等。要把这些树枝图都画清楚，显然会使很多黑发变白发。怎么办?

俗气无比而头脑简单的经济学家，化繁为简，把一切考虑浓缩化约为一个“Y”字形的枝杈：一边是效率的原则，另一边是公平的原则；而且，在这两个原则之上（当两者发生冲突时），还是由经济学的成本效益来取舍。

法律经济学者相信，只要脑海里常存有这个Y型秘诀，就可以相当程度的一以贯之。下面的故事，就反映出提纲挈领的好处。

先见之明的从容

在台湾，目前婚外情（通奸）是触犯刑法；但是，司法界和民意代表都在推动修法，将取消婚外情的刑事责任，而由民法等其他法律处理。主要的理由之一，是和刑法里其他的行为（杀人、伤害、诈欺等等）相比，婚外情在轻重上似乎并不对称。

对于这个法律问题，经济学（家）是不是也有意见呢？

自 1960 年起，以科斯、波斯纳为首的经济学者，利用经济分析的工具，开始系统地分析法学问题。经过近五十年的努力，“法律经济学”不但是众所公认的学科，而且已经产生了一位诺贝尔奖得主——科斯，1991 年。

今天，在法律经济学这个领域里，国际上已经有十种以上的专业学术期刊，而且还在持续地增加。不仅如此，波斯纳等法律经济学者担任美国联邦法院的法官，具体地运用经济分析的逻辑，一以贯之地面对复杂多变的各种法律案件。法律经济学的发展，可以说是前程似锦。

对于传统的法学分析，当红的法律经济学当然是有诸多微词。主要的批评，是传统法学依恃“法理分析”——对于不同类别的案件，习惯法慢慢形成各式各样的“法理”；这些教条，就成了日后处理类似案件的准则。譬如，海上遇到暴风雨，躲入私人港口；夜晚碰到小流氓，逃进私人花园。虽然都是未经允许而侵犯私人财产，但是有“紧急避难”的教条可以处理。

同样的，传统法学也发展出一些抽象的“教条”，譬如“水平公平”和“垂直公平”的概念——相同或类似的案例要等同处理，不同的案例要有差别待遇。因此，婚外情的情节和刑法里的其他罪行轻重不同，应该受到不同的待遇。可是，这种论点显然有逻辑上的盲点。因为在二三十年前，这种轻重不对称的情形也存在；为什么那个时候婚外情是刑事案件？

相形之下，法律经济学不是从“教条”上着眼，而是从（粗俗的）“成本效益”这个角度来分析。

在传统的（农业）社会里，人际关系单纯，社会网络紧密且封闭。因此，在一个个小村落和小区里，同样的一群人一起出生、成长，一起经历生老病死的过程。大概每一个人都认识环境里所有的人，自己的一举一动别人也知之甚详。在这种环境下，为了维持大家的和谐，自然会发展出一套严谨的礼仪规范。任何逾矩的行为，都会受到谴责或惩罚。

因此，在封闭的社会里，可以想象得到婚外情所造成的冲击。当事人双方、双方的家庭，以及双方的亲友，都受到如同地震震波般的影响。为了避免（防范）这种成本过大的事件出现，最好加重惩罚来防范。所以，过去以刑法来处理婚外情，不过是反映了特定时空下的条件。

当经济发展并形成都会区之后，传统的人际网络已经消失不见。比邻而居的人可能不相往来，大家庭也已经是明日黄花；而且，双职工家庭比比皆是。扣掉睡眠的时间不计，一个人在办公室里和异性相处的时间，往往要长过和自己配偶相处的时间。自己和异性同事谈话的广度和深度，也经常会超过自己的配偶。精神上的婚外情所在多有，肉体上的婚外情可能只是一线之隔。

在这种情形下，都会区里一方面容易有婚外情，另一方面婚外情所造成的冲击较小；所以，在这些条件下，婚外情不再是像过去一样的洪水猛兽。既然影响（成本）不大，自然不须再以刑法侍候。

经济分析的基本逻辑，其实非常简单平实。可是，只要能掌握这些平实简单的分析工具，就能万法归宗地因应千奇百怪的法律问题，并且从容自在地享受先见之明的乐趣……

然而，世事难料，新生事物不断地涌现；不论是根据传统法学的树枝图，或经济分析的 Y 字架，可能都会出现有时而穷的窘态。

2000 年 9 月底，英国的生物科技学家宣布，可以把一对同性恋配偶的基因提炼出来，然后成功地植入代理孕母的体内，再培育出他们的下一代。而且，代理孕母的基因，完全不会出现在新生儿的身上。这是生化科技上的进展，所衍生出的法律问题，当然还有待下回分解。

因此，如果法官手上出现了一个前所未有的烫手山芋，怎么办？下面的故事，就是处理这类法律纠纷的心得！

后见之明的奢侈

为了“代理孕母”立法的问题，有段时间在媒体上引起相当热烈的讨论。神学院的教授基于胎儿尊严，表示反对；站在基本人权的角度上，法学教授认为没有必要禁止自愿性的契约。女性主义论者似乎分成两个阵营：赞成的似乎觉得，这么做可以提升母亲和代理孕母的地位；反对的似乎认为，女性的子宫不得以任何理由出借（租）！

不过，除了这些想当然耳的观点，是不是有其他的考虑呢？

在西方的法学思想里，大致上可以分成两类：以意识形态为基础的论点，和以习惯法为基础的论述。意识形态的论点，通常是先揭明几个核心的价值（譬如基本人权或国家主权）；然后，以这几个核心价值作为最高的指导原则，再推论出一套理论。在判决个案时，就是以这套理论作为取舍的依据。

相形之下，习惯法并没有最高的指导原则，习惯法是由千百个类似的判例里，慢慢归纳出一些原则；然后，在面对新的案件时，以这些原则为基础作类推适用。

所以，意识形态论述是一种由上而下的推论方式，是演绎法；而习惯法论述是一种“由下而上”的推论方式，是归纳法。演绎法体系完整，有最高的指导原则；归纳法庞杂多样，不容易一以贯之。可是，习惯法最大的优点，是由经验中萃取智慧；既然是以经验为基础，往往比较切合实际问题。

在英国历史上，曾经出现过这么一件有趣的案例。英皇加冕是国家重要仪式，也是庆典，所以庄严盛大，非常壮观。因此，为了一睹盛况，游行所经道路两旁的阳台，早就被观众预订一空。可惜，天不从人愿，因为英皇圣体违和，加冕大典临时取消。许多订阳台的人反悔：既然仪式取消，当然用不上阳台，因此也毋须付款。可是，阳台主人也理直气壮：为了提供阳台，所以阳台须事先布置，而且不作其他的用途。仪式虽然取消，阳台还在，当然要依约付钱。

面对一连串的官司，怎么判比较好？根据意识形态论述，并不容易从核心价值推论演绎到这个具体的问题。可是，习惯法里却有很多类似的案例，根据“不可预见的情境”和“不可归责于签约双方的因素”等等原则，就可以有效地处理这些官司。因此，习惯法是经过时间考验而凝结出的教训，弥足珍贵。

不过，习惯法的优点，也正是缺点。如果没有类似的前例可以援引，习惯法就有时而穷。譬如，移植人体器官，不过是最近几十年才发展出的科技。随之而来的，就是器官买卖的问题。可是，对于这种牵涉范围很广的新生事物，习惯法里并没有类似的案例或原则可以直接援引。

怎么办呢？当代法律经济学掌门人波斯纳教授发人深省的指出：对于类似的新生事物，法官最好慎重地采取“打混仗”（muddle-through approach）的立场。既然每一个案件都有很多环节和很多面向，所以，最好先处理习惯法里处理过的环节或面向，而不要直接处理核心的部分。等到打了够多的官司之后，自然能慢慢过滤出纠缠利益的主要脉络，然后再处理核心问题。

回到代理孕母的立法问题上，到现在为止，西方先进国家都还没有普遍的立法规范——即使已经打了很多官司、累积了一些经验。对于错综复杂的权益关系和衍生的问题，我们的立法者有什么条件能未雨绸缪地预为之计呢？

就计算机科技的发展而言，美国可以说是领先其他国家。曾经有学者指出，原因之一是美国采取习惯法的传统；对于计算机科技里的新生事物，采取比较开放和有弹性的立场。相形之下，德国等国家采取概念法学的立场，希望用现有的法学概念，统御各种新生事物。结果，捉襟见肘、动辄得咎，反而阻挠了科技的进展。

天平的势力范围

当一件纠纷被放到天平上之前，传统法学或经济分析自然可以臧否是非对错；不过，天平的势力范围并不是无远弗届。除了清官难断家务事，司法体系也往往画地自限，不处理其他的问题。

下面的故事，就反映了司法和政治的微妙分野。

“先见之明”或是“后见之明”

大家都应该感谢克林顿。因为有克林顿和莱温斯基，白宫新闻不再是枯燥无味的政治军事外交。不但媒体、出版、印刷等相关产业坐收渔利，甚至连 DNA 的科技都受到前所未有的重视！现在虽然事过境迁，在法学领域里却还余波荡漾。大家注目的焦点都集中在一个问题上：该不该弹劾克林顿？就法律上来看，这是一个很有趣的问题……

《哈佛法学评论》每年都发行专刊，讨论前一年里最高法院所作的判决。依往例，评论会邀请一位著名的法律学者提出综合性的分析，放在专刊最前面，称为“卷首语”。1984年专刊的卷首语，是由芝加哥大学的讲座教授伊斯特布鲁克（F. Easterbrook）所执笔。这篇“卷首语”立论精辟，发表后被广为引用。

在这篇论文里，伊氏提出三个指标，来评估最高法院判决，其中和本文有关的，是“事前分析”（先见之明）或“事后分析”（后见之明）的区分。他认为，事前分析是一般性的通则，而事后分析则往往是针对个案和特例来考虑。因为是通则，所以事前分析会影响到后续的行为，也就是会影响到“饼的大小”；相形之下，事后分析只考虑个案和特例，等于是斟酌“怎么切饼”，而忽略了长期的影响。因此，伊氏觉得，长远来看，以事前分析的角度作为判决的依据比较好。

伊氏以1983年的许多判决为例，说明事前分析的重要；其中之一，就是美国内政部“国家公园管理署”和公益团体“创意性非暴力联盟”之间的官司。管理署明文规定，在华府特区的公园内，不准“露营”。但是，该署特许这个“联盟”，可以在白宫附近的拉法叶公园设置两座“象征性”的帐篷营，以突显“游民”的处境和要求。而且，该署还同意，示威者可以在帐篷中躺下。但是，联盟得寸进尺，希望能让示威者在帐篷中过夜；不但可以吸引真正的游民，而且更能真实而深刻地反映无家可归者的问题。管理署不同意，联盟提出告诉。基于美国宪法第一修正案所保障的言论自由，华府地区法院认为联盟有理；案子送到最高法院的手里，最高法院裁定，支持管理署的立场。

伊氏认为，联盟的论点（已经设有帐篷、也可以躺下，再允许示威者能阖上眼睛过夜只是一步之遥）是事后分析；以既成的事实作为基准点，并且针对个案来考虑。可是，管理署的条文是通则，是适用所有的情形，而不是只针对这个联盟。如果允许这个联盟得寸进尺，可以预见后果：会有更多的人申请设营；会有更多的人在帐篷里过夜；会有更多类似的要求，而管理署核准与否的尺度会持续受到挑战和引起争议。因此，伊氏认为，最高法院采取“事前分析”的观点，是高瞻远瞩、好的裁决！

回到克林顿的身上，情况其实非常类似。克林顿任内政绩可观，美国经济情势大好；但是，他本身的伪证和妨碍司法也是事实。以事后分析的观点来看，克林顿即使有过，也不至于受弹劾。可是，由事前分析的观点来看，宣誓下作伪证和妨碍司法是违反游戏规则；如果他可以身免，那么此例一开，后患无穷。事实上，问题很简单，每个人都可以问自己两个问题：一是，在当初制宪时，制宪者知道宪法将适用在数百位总统身上；那么，对于一个政绩可观（甚至功业彪炳）但妨碍司法的总统，该如何处理？二是，如果不弹劾克林顿，以后再有借其他理由妨碍司法的总统，弹劾不弹劾？由事前分析的观点来看，答案非常清楚。

不过，以上只是问题的法律面；既然弹劾案是由国会提出，所以政治面的考虑可能更为重要。一旦牵涉到政治因素，克林顿的魅力可能就和里根以及可口可乐一样，有那种“挡不住的感觉”！

无论如何，大家还是都应该感谢克林顿。我很感谢他，因为他，我才写成这篇文章。上课当讲义发，可以很生动地阐释事前分析和事后分析的差别。也许，文章的题目应该改成“克林顿对教育的贡献”……

要区分先见之明或后见之明，有时候并不容易。不过，有一个大致上的取舍标准；如果只适用眼前或手上的个案，那么通常是特例，也就是后见之明；相反的，如果适用于所有类似的情形，通常就是先见之明。当然，这个故事也透露出一个智识上有趣的问题：关于政治和法律的分野，哪些是先见之明的设计，哪些又是后见之明的善后措施？

结语

在越南沦亡之后的难民船上，或苏联解体后的某些东欧地区里，只有丛林法则，而毫无公平正义可言。公平正义，只有在上轨道、稳定的社会里，才是有意义的概念。

不过，即使在成熟的社会里，对公平正义的追求，也必须考虑背后所付出的资源；而且，司法女神的长臂，显然也只环抱有限的空间！

第十四章

司法女神的举止

有几位小朋友在铁道上玩。其中一位看清了告示，待在火车不会经过的铁道上；另外五位则是在火车将来的铁道上跑跳。火车呼啸而至，如果你是扳道工，你会不会让火车去撞那一位“对的”小朋友？

经济系馆的地下室，是老师助理们的天地。不过，虽然是经济系老师的助理，其中却有许多背景不同的年轻人。

有一次，我请一位读法律的助理帮忙找一份法律文件；他很热心，找了许多相关资料。在谈话里，我也把法律经济学的分析角度，解释给他听；有两三天的时间，我们讨论得很激烈。然后，他告诉我，他几年来所坚信不疑的法学思想，一下子完完全全地崩溃了。因为他正在准备考法官和检察官，我有一点担心，不知道他考试时将如何应答。还好，后来我在司法官训练所，为新录取的法官和检察官上课时，看到他聚精会神地坐在台下。可是，为什么法律经济学有如此的威力，可以在三两天之内改变法律人的思维呢？

在这一章，我尝试说明，经济学在分析法学问题时的特殊视野。首先，我将强调经济学所擅长、而传统法学相形见绌的“行为理论”；其次，我将说明在货币所衡量的价格之外，其实经济分析更强调抽象的价格。最后，则是利用抽象的价格这个概念，处理如何选择适当的规则——适当的价格！

行为理论

有一位哈佛大学法学院的讲座教授，在给我的信里提到：传统的政治学和社会学，在理论上并不严谨；但是，至少还有个理论，而传统法学，连个理论都没有！

对于传统法学，这算是非常严重的指控，值得稍作澄清。传统的法学论述，往往是根据一些“简单自明”的道德理念；然后，再根据这些理念，推论出各种原理原则，作为处理司法案件的依据。可是，人的实际行为如何？会受到环境里哪些因素的影响？如何影响？这些具体实际的问题，传统法学理论几乎完全不作考虑。

相形之下，市侩（俗气）无比的经济分析，却慢慢地由人的经济活动里，得到许多重要的体会。逐渐地，经济学者归纳出一套相当精致而且一致赞同的“行为理论”；所有的经济理论，都是根据这套行为理论而来。当经济学者进入政治、社会、法律等领域时，也运用这套经过千锤百炼而屡试不爽的行为理论，而且几乎是无敌不摧、无攻不克。

下面这个故事，就反映了行为理论中重要的一环。

智慧的结晶

从我开始教书到现在，已经过了二十多年；不过，和大多数经济学者不太一样的，是我一直有机会在学校的推广教育计划里授课。推广教育的学员主要是各级政府的公务员和民意代表，而我教的也总是和经济学有关的课程。

由于学员们有各种不同的背景，所以我几乎是要从零开始，阐释经济学里精致的概念。因此，虽然我自己的学术论述往往是处理非常抽象的问题；可是，面对推广教育的学员时，我却必须以他们的经验为基础，以他们所了解的语言来论述。经过多年的考验，我发现推广教育的教学经验对我帮助很大，因为要教懂对经济学“目不识丁”的人，我不得不非常清楚精确地掌握各个概念，然后以日常生活里的经验和现象作为佐证。这种在“抽象概念”和“实际现象”之间的来回驰骋，让我对经济学的精髓有了更深刻的体会。

然而，在和学员们讨论的过程里，也少不了碰上千奇百怪、教科书和学术期刊里绝不会出现的问题。曾经，我自信满满地阐释经济学里的慧见之一：当价格上升时，购买量会下降。我提到，这种价格和数量之间的反向关系，不只是反映在一般的经济活动里，在人类其他的活动里也莫不是如此。譬如，如果公司的老板能察纳雅言，这就等于“讲真话”的价格比较低；那么，就会有比较多的人愿意讲真话。相反的，如果老板是忠言逆耳，讲真话的价格一高，自然会少讲点真话！

讲完之后，自己觉得又为推广经济学理念略尽绵薄，不禁有点欣慰。谁知道，台下马上有人举手表示：可是，我们也看到有些奢侈品的价格上升，买的人反而更多；价格的反向关系是不是并不成立？话刚讲完，马上又有人放炮：在股票市场里，往往看到股价愈高，买的人愈多；价格和数量的反向关系，真的成立吗？

如果这一连串的问题不是事前串通好，大概也相去不远。无论如何，这可是对经济学和对我的直接挑战。如果我想维持经济学和我的尊严于不坠，最好能讲出一些说得过去的道理……

对于一般人来说，有些奢侈品是属于可远观欣赏、但又与之保持距离的类别。可是，对于另外一些（通常比较有钱的）人来说，使用奢侈品是一种突显身份地位（但不一定是品味）的手段。因此，奢侈品变贵时，和一般商品的差距变得更大，更能突显特殊性。既然买这些奢侈品的目的就是要突显身份，所以价格上升之后，刚好更能发挥这种功能。也就是，价格上升之后，让买的人更容易区隔自己和一般人；当区隔自己和一般人变得更容易（更便宜）时，当然要多买一些。这时候，货币价格上升，但是另一种抽象的价格——让自己鹤立鸡群的价格——下降。因此，价格和数量之间，还是反向的关系。

股票市场里的现象，也是类似的情形。在千百种股票里，当少数几种股票的价格持续上升时，等于是透露出这样一种讯息：买别的股票不一定能赚钱，但是买这几种股票会赚钱；所以，相对于其他的股票而言，这几种股票代表的是赚钱获利的机会。当赚钱获利的机会变得比较容易得到（也就是比较便宜）时，自然要多买点这些机会。因此，股票的价格固然上升，但是“赚钱获利”的价格却下降。价格和数量之间，依然是反向的关系！

当然，这些精致严谨的推论是事后想到的，当时可是含混带过。简单的问题可以随问随答，麻烦的问题可要动动脑筋。抽象地看，这是不是也算是一种价格数量的反向关系？

由这个故事，透露出关于行为理论的几点讯息：首先，价格和数量的反向关系，普遍成立，（几乎）放之四海而皆准。其次，价格，指的当然不一定是货币上的价格，而可能是道德良知或其他价值上的高低。再次，价量的反向关系，表示人的行为会受到诱因的影响。最后一点，价量的关系，反映了人在行为上有某种规律性。因此，在设计典章制度（包括法律）以及在执行法律时，最好能把这种规律性纳入考虑；否则，不是事倍功半，就是欲益反损。

抽象的价格

了解价格和数量之间有反向的关系，而且价格不一定是货币价格之后，我们可以进一步点明：法律，可以看成是一种约束、节制和影响行为的“价格”。因此，闯红灯的罚则加重时（闯红灯的价格变贵了），就会有比较少的人闯红灯；取缔违规停车的行动放松时（违规停车的价格下降了），就会有比较多的人违规停车。

因此，一旦有行为理论作基础，在分析和思索法律问题时，法律经济学者不是由道德上来论是非；相反的，是分析人的实际行为是什么，又会如何因应法律（价格）上的变化。经济学者在法学领域里长驱直入，凭恃的就是简单平实的行为理论。

下面的故事，就反映了行为理论的应用。

最高指导原则

约好晚上和朋友在海鲜店碰面，一起喝啤酒；我先到附近的店家买一包瓜子和两包酸梅（可以泡啤酒喝，美味无比）。走出店门时，顺手把带着的烟斗放进小塑料袋。没想到，“锵”的一声，烟斗掉在地上。

我仔细一看，原来店家给的袋子旁边裂开，烟斗自然顺势滑出。我一边庆幸，带的不是昂贵的烟斗；一边犹豫，要不要回店里去抗议一下。

上了出租车之后，还在为刚才的一幕迟疑，突然，几辆机车由车旁窜出，超到我们的车前。我问司机，快车道不是禁行机车吗？司机愤愤不平地说，地面上明明漆有“禁行机车”的大字，可是多的是违规的机车。而且，万一机车和轿车擦撞，发生命案，倒霉的还是轿车，因为法官总是判轿车司机过失致死。

我不再出声，司机嘴里还在咕哝，不过我却想到刚才这两件接着发生的事。如果我的烟斗摔断了，是店家的责任还是我的责任？还有，机车在快车道违规行驶而出事，是机车的责任还是轿车的责任？

根据传统的法学见解，要承担责任的一方，就是造成“因果关系”里原因的那一方。由“肇事者”负责，才符合公平正义的最高指导原则。因此，撞上机车的是轿车，所以要由轿车负责；店家的袋子有裂缝，烟斗才会掉落，所以店家要负责。比较精致的见解，是按因果关系的比例来分摊责任。虽然轿车撞上机车是事实，不过机车违规在先也是事实，所以双方都有责任。同样的，袋子有裂缝是事实，自己不小心先看一下也是事实，所以两方面都要承担一部分的责任。

在传统法学见解之外，新兴的法律经济学（以经济学的架构分析法律问题）倒提供了另外一套思维模式……

传统的法学见解认为，“因果关系”非常明确；可是，经济分析却指明，当事人双方往往是互为因果。因此，轿车撞上机车，轿车固然是“因”；可是，机车先闯入快车道才被撞上，因此也可以说机车是造成事故的“因”。同样的，袋子有裂缝是因，我把烟斗放进袋子也可以是因。既然因果关系可以从两方面来看，由因果关系来界定责任，显然不一定有说服力。

相形之下，经济分析所采取的角度，是评估不同规则所引发的后果。如果把大部分的责任归属在轿车司机上，以后轿车会降慢速度，机车也会更肆无忌惮地骑入快车道。结果，不但丧失掉原来设置快车道的用意，以后还是会不断有擦撞的意外。可是，如果把大部分的责任归属在机车骑士身上，以后就比较不会有机车驶入快车道；不但保持了快车道的车速流量，还降低往后发生意外的可能。

同样的，如果把主要责任归咎在店家身上，而且要赔偿客人的损失，以后很可能就会有人声称：昂贵的烟斗、手表、首饰因为袋子有裂缝而滑落摔断。可是，是真是假呢？相反的，如果客人也要负起一部分责任，双方就都会有防范意外的意愿，也就会有比较少的意外。

因此，经济分析不预设立场，而是在比较不同的规则所引发的后果之后，作出最后的取舍。虽然结果可能和传统的法学见解非常类似（甚至不分轩轾），可是推论的过程却大不相同。传统法学是从因果关系着眼，希望实现公平正义；经济分析则是从长远的角度来看，哪一种规则可以导致比较好的结果。

也许有人认为，既然结论相同、殊途同归，两种分析并没有本质上的差别。也许在这两个事例上，确实如此；可是，如果问题是：同性恋配偶可不可以领养子女？对于这个棘手的问题，经济分析还是可以提出论述；相形之下，由因果关系着手，传统法学也能论述有据吗？

由这个故事，至少可以得到一点重要的启示：在决定规则时，不同的规则就好比不同的价格；面对不同的价格，一般人在行为上就会有不同的因应。因此，在取舍规则时，值得先作评估，不同规则的含义各是什么。

原则和例外

不论是个人还是社会，一旦在行为上画地自限，一方面会享受到好处，一方面也会受到束缚。譬如，规定自己一个星期要看完一本书，固然享受到阅读的乐趣，但有时难免囫囵吞枣。同样的，如果规定民众要受义务教育，小朋友固然受到基本的熏陶，但是也就不能在家里自修练功。因此，要发挥最大的功效，或不至于完全受制于规则，某种弹性是必要的。

对于法院而言，在操作法律这种规则时，在规则和例外之间的取舍，必然更为慎重和微妙。下面这个故事，就是描述例外的意义和重要性。

天平的机械原理

有几位小朋友，不知天高地厚地在铁轨的转辙器附近玩；不过，其中一位看清楚了告示，便待在火车不会经过的铁道上；另外五位小朋友，则是在火车将要通过的铁道上跑跳。

没过多久，长长一列火车果然疾驶而至；如果你是扳道工，可以让火车由原先的轨道上转入另外一条；你会不会（应不应该）让火车去撞那一位“对的”小朋友？

这不是真人实事，而只是假设性的问题；精确一点地说，这是上课时班上同学提出来的稀奇古怪、刁钻尖锐、专门考验老师——我——的问题。

我没有考虑多久（不超过五秒钟），就根据直觉作出回应：当然，那一位小朋友是“对的”，而五位小朋友是“错的”；可是，如果不得不作出取舍，我会救那五位小朋友，而让火车撞上那位“对的”小朋友。事后，这五位小朋友的家长可以以各种方式，弥补那位小朋友的家人！

“可是，数量不一定有意义；说不定那一位小朋友是天才儿童或千金之子，而另外五个家庭一贫如洗，根本无法善后。怎么办？”

“让那位行为是‘对的’的小朋友受难，在法理上说不过去；法律的取舍是根据对错，而不是根据数量！”

第一种质疑比较容易回应：在另外那五位小朋友里，也说不定有比尔盖茨；因此，在面对这种抉择时，我们事实上没有太多的信息，而只能假设那几位小朋友都差不多。第二种质疑比较难回应，不过我还是试着添加一点分析：虽然那一位小朋友是对的，但是，在这种特殊的情形下，五条生命的价值显然要高过一条生命的价值；这两点彼此之间并不冲突，而可以同时成立。

“在法律上来看，对就是对，错就是错；如果法律不支持对的行为，法的尊严将消失无踪。以后，谁还愿意做对的事？”

我灵机一动，不直接响应，而反问了一句：如果不是五位小朋友，而是一百位小朋友；那么，在一对一百的情形下，难道我们还会坚持一是对的、一百是错的，所以要牺牲那一百位小朋友吗？这个问题一提出，我就察觉到教室里有一种微妙的转变。似乎，法律的立场也并不是那么绝对了。

一旦跳开了原来一对五、对与错的问题，我的想法变得更灵活。我在黑板上开始画图：先画一个小方块，代表那一位小朋友；再画一个大方块，代表那五位小朋友。那一位小朋友是对的，所以在小方块上加添上一小块；那五位小朋友是错的，所以在大方块里涂去一小块。如果把这两个方块看成是秤锤，放在天平上，也许一加一还是重过五减一；可是，如果不是五位小朋友而是一百位小朋友，是不是还是一样呢？

看看同学没有反对的意见，我提出了结论：我认为五位小朋友比一位小朋友来得重要，并不是关键所在；更值得注意的，是在逻辑思维上如何认知和分析这个问题和类似的问题。

这是课堂上的讨论，自己觉得处理得还不算太离谱。隔天再想起这一段辩论，脉络更为清晰……

在传统法学里，“公平正义”是最高的指导原则；是非对错和公平正义不但是同义字，而且一清二楚，毫无模棱两可之处。既然那一位小朋友是对的、是守法的；那么，其他的因素都不重要，法律就应该支持他！可是，在法律的天平上，其实还含有是非对错之外的因素；在一般的事例里，也许其他的因素并不重要，也就毋须考虑。然而，在特殊的情况下，除了是非对错，其他因素的分量（重量），可能要压过单纯的是非对错。天平的高低，不能再以单纯的是非对错为准，而必须更广泛地考虑其他的相关因素。

一个好的经济学者，除了要考虑局部也要考虑全面，除了要注意直接效果也要注意间接效果；一个好的法律学者，显然也当如此！

在非常的情况下，当然值得容许例外；不过，坚持规则而排除例外，才能发挥规则的功能，同时可以避免诱发奇奇怪怪的例外。下面的故事，就是强调维护规则的重要。

其情（不）可悯？

在报章杂志的社会新闻里，经常出现令人同情的故事：一个年轻人，因为成长在破碎的家庭，所以缺少亲情，个性古怪；因为经济情况不好，又没有受过完整的教育，所以也就没有一技之长。结果，一旦经不起诱惑或怂恿，涉世未深的年轻人犯下杀人越货的重案。

在法庭上，年轻的脸庞带着无助、怨恨、困惑、惶恐的表情，其情确实可悯。可是，在量刑时，法官是不是该考虑这些背景因素，以减轻其刑？

其实，这不只是社会新闻里的剪影，而且也是学理上所探讨的重要课题。在波斯纳教授的经典巨著《法律的经济分析》里，有一章专门讨论刑法；而在这一章课文后面的习题里，就有这么一题。不过，波斯纳的问法倒有点出人意料：当有人提出“其情可悯”的说辞时，法官应该加重其刑、维持不变，还是减轻其刑？

初看这个问题时，可能会觉得有点奇怪；减轻其刑还有道理，为什么要加重其刑呢？可是，略加思索，也许可以稍稍体会到波氏的用心。

当有人提出其情可悯的诸多理由时，可能确实值得考虑“加重其刑”。虽然这有点违反常理，可是原因很明确：既然贫困环境使年轻人容易步上歧途，因而犯案，造成对其他人的侵犯或伤害；因此，站在社会整体的立场，就值得加重惩罚，以儆来者。这么做等于是放出一种讯号：所有情况不佳的人，必须要付出额外的努力，以求改善自己、添增自己的人力资本；否则，不但犯过要受处分，而且处分会加重。因此，加重惩罚具有宣示警惕的作用，能防患于未然。

不过，由另一方面来看，一旦过错已经发生，对当事人而言，情况可能确实令人同情；在逆境下，一个人所能承担的责任的确有限。因此，减轻其刑不但合理，而且具有教化的功能，可以鼓励自新。

所以，当有人提出其情可悯的理由时，加重处分和减轻处分都有某种道理；既然一正一负、一加一减，孰轻孰重其实很难判断。那么，为什么不把事情单纯化；一旦犯错，就事论事地以“过错”本身作为量刑的主要依据，而毋须把其他因素牵扯进来？因此，波氏的题目，等于借着衬托对照的方式，呈现出一种很精致的思维方式。不过，除了启发思考，波氏的这个题目事实上有更抽象的意义……

站在目前这个时点上，过错已经发生。往后看，是“善后”的问题；往前看，是“防范”的问题。善后的重点是除弊，而预防的目标是在兴利。如果目标是善后除弊，当然可以——应该——针对当事人特殊情况，斟酌剪裁。可是，如果目标是预防兴利，这就是针对社会整体；个人的境遇不再是重点；而且，以社会整体为主时，个别的当事人还必须承担额外的责任，才能成为社会革兴演化的教材。因此，法律的两大功能——“惩罚”和“遏阻”——就反映了往后看和往前看的考虑；惩罚是善后的补救措施，而遏阻则是着眼于未来长远利益的处置。

抽象地看，往前看和往后看所着重的，是两种不同的价值。在个别的问题上，也许会突显出善后除弊的面向；可是，站在旁观者的立场来看，对社会长远的利益而言，遏阻兴利的考虑可能更为重要。

无论如何，由波氏的这个习题里，可以体会出法律的精义所在。“惩罚”和“遏阻”代表的是两种不同的价值。在某些问题上，两种价值可能是朝同一个方向变动；这时候，轻重的拿捏可能比较简单。可是，当两种价值是呈反方向的变动时，两者之间的权衡就变得敏感微妙。好的法学研究者（或好的法官），就是能在这两者之间作出慎重稳健的裁量和取舍。

当父母处罚犯错的小朋友时，往前看显然要比往后看来得重要；当社会处分犯错的个人时，往往也是如此！

由故事里可以看出，惩罚是针对犯错的个人，遏阻是针对还没有犯错的其他人；这是两种价值，而这种价值的轻重，以及这两者之间的取舍，都不是容易处理的问题。对不同的社会而言，在不同的时空环境下，可能就会有不太一样的抉择。

结语

经济学者发现，当市场里商品的价格上升时，人们就会少买些商品。这种俗不可耐的体会，当然卑之无甚高论。不过，如果从抽象一点的角度来看市场，“市场”就是人们交往互动的场所。这么看来，学校、家庭、工作场所等都是某种市场。再作一点引申，违反法令规章的人，也是在“违法行为”的市场里和市场外活动。既然在市场里活动，显然行为上会受到价格高低的影响。因此，一旦接受这种观念上的转折，经济学所发展出的整个分析架构，都可以搬过来探讨违法行为。法律经济学的蓬勃发展，正反映了这种转折在智识上的兴味和在分析上的潜力！

经济学带给法学研究的养分，首先，最主要的是体系完整的“行为理论”；由行为理论的角度，可以分析人在面对不同的诱因（价格）时，会如何因应。其次，经济学的分析重点，包括市场活动和价格机能；在分析法学问题时，市场活动和价格机能成了很好的“参考点”，可以作为比较和对照的基准。最后一点，法律隐含诸多规则，而各个规则都有其功能上的效益和成本。当偶尔违规的效益大于成本时，也许就值得接受违规的例外。当然，太多的例外，就会使规则失去作用，反而丧失了原先设立规则的初衷！

第五篇

“万能钥匙”怎么用?

第十五章

以管窥天?

诺贝尔经济学奖得主诺斯认为：从历史上来看，决定一个社会能不能繁荣富庶的，不是有没有英明的领袖或先进的科技；而往往是在那个社会里大多数的人是否具有好的世界观。

1999年5月至2000年5月间，我应邀为《联合报》（台湾四大日报之一）的副刊撰写专栏。经过一阵思索，我为专栏定的栏名就是“思维经济”：由经济学的角度，探讨人的行为和社会现象。

隔周刊登的专栏，也激起了一些回响。不过，无论是直接的还是间接的，我听到几乎是同样的意见：过去不太了解经济学，以为是极端地枯燥和无趣；看了专栏的文章，才知道经济学其实十分生动有趣，而且和每个人的生活息息相关。对我而言，浸淫经济学已经二三十年；我能深切地体会到，经济学不仅博大精深，更重要的是隐含一种十分独特、也十分精致的思维方式。

在前面的章节里，是由经济学的角度，分别处理了社会学、政治学和法学里的问题。在这一章里，则是以前面各章的材料为背景，希望具体归纳出经济分析的特殊观点。前半部，是说明这种特殊的着眼点；后半部，则是阐明如何运用这种简洁有效的经济分析。

你的房屋和我的房屋，指的不只是肉体上居住的地方；更重要的，应该是指你我在观念上和思维上，安身立命的取舍吧！

下面这个故事，就是由一个浅显的事例，具体而微地反映了经济分析的特殊角度。

远庖厨之后

学校里陆陆续续地在盖宿舍，然后按老师的薪级年资计点分配。我们等了七年多，终于配到了一户位于五楼的公寓。

因为是新盖好的房子，所以里面空无一物；我们免不了请人稍作设计，添些书柜衣橱之类的设备。我对这些事所知不多，也没有兴趣，因此，一切大小决定都由一家之主的内人负责接洽处理。忙了几个月以后，终于大功告成；我们有了乔迁之喜。

搬进新居没多久，我就发现了附近环境的特色：离家不到二十米就是一个小型的市场，方圆两三百米之内有四家便利商店和不下三四十家大小餐馆。对于我这种不事生业，喜欢逐水草而食的人来说，这里简直是人间天堂！

有一天和内人在客厅里聊天，她说，如果能把后面的阳台打掉、把餐厅往后移，那么，客厅和餐厅相连、再延伸后将是很大的一个空间。我突然灵机一动，说："反正附近吃东西地方这么多，如果把厨房打掉，空间不是更大。"她马上回了一句："虽然附近餐馆多，总有些时候是要在自己家里开伙。有哪个家是没有厨房的?"我好辩成性，当然不甘示弱："以前农业社会里哪一个家里没有几亩田？二三十年前哪个家里没有自己的院子?"她不置可否，但以一种奇怪的眼光看着我，我也就没有再多发谬论。

晚上到附近的七号公园去跑步时，我边跑边想厨房的去留问题……

我当然知道，即使附近的餐馆再多，二十四小时营业的便利商店再近，总不可能完全取代自己家里的"厨房"。而且，到外面去吃饭、买东西，总要花时间来回上下，要穿戴得像个样子；自己在家里可以自在随兴得多。不过，这显然是一个权衡比较的问题："有厨房"有很多好处，也有一些缺点；"没有厨房"有很多缺失，但也有一些优点。所以，持平的态度并不是以有厨房的好处来否定没有厨房的缺失，而是把"有厨房"和"没有厨房"这两种安排放在一起比较。心平气和地列出这两种"可能性"所有的优缺点，评估一下各个优缺点的轻重大小，而后再选择整体来说比较好的安排。不论最后的取舍如何，都隐含着利弊共存、各有得失的结果。享受"有厨房"的好处就意味着承担有厨房的缺点，以及不能享受到"没有厨房"的优点和避免面对那种安排的缺失；反过来看，也是一样。

不过，有没有厨房只是一件小事，重要的是由这件小事上所透露的讯息："厨房"本身并没有什么绝对的价值，厨房的意义、内涵和功能其实是由其他条件所衬托出来的。住在荒郊野外的人，当然需要自己动手做汤；没有厨房不行。对于住在小吃街、便利商店附近的人而言，环境中的这些条件在相当程度上提供了“厨房”功能；因此，也就可以在某种范围里取代自己家里厨房的地位。对于那些膝下无子女或子女已大的双亲家庭而言，更可以仰赖环境里的资源。所以，即使现在想来“没有厨房”是不可思议的事，当环境里主观客观的条件进一步变化时，谁说未来的家庭一定要有自己的厨房？

“家有庖厨”的联想还有一点很有趣的含义：人对环境里人、事、物的认知往往习以为常，不假思索。由小到大的成长过程，一个人会自然而然地接触和接受很多讯息；而后，在行为上也就以那些讯息作为认知和取舍的标准。可是，当环境里的事物发生变化以后，这些讯息的意义事实上值得重新思索和界定！

想清楚了“家里不一定要有厨房”的曲折之后，我想也许下次我可以向一家之主建言。不过，如果她回一句“家里也不一定要有丈夫”怎么办？我一个踉跄，差点绊倒自己……

这个故事最重要的含义在于：在面对取舍时，一旦选了其中之一；一方面可以得到这个选择的好处，但是另一方面也要承担这个选择的缺失。同时，选了这个选项，一方面无法得到其他选项的好处，但是另一方面也避免了其他选项所隐含的缺失。

当我受邀到校外去阐释经济学时，常用这个故事当起头。讨论时，经常有人把焦点放在有没有厨房的得失；还有许多人追问，我们家后来到底有没有厨房。不过，我想阐明的，其实是经济分析的内涵。

相对和衬托

虽然在经济学的文献里，并没有太多关于“相对”这个概念的讨论。因为，一旦表明“相对”的立场，往往受到来自道德哲学家的批评；认为支持相对等于在道德上没有原则，甚至很可能是虚无主义的同路人！不过，心平气和地想，人的行为就是一连串的取舍，而取舍的本质，其实必然和相对密不可分。

在取舍时，相对的意义有两层。一方面，在两个或更多的选项之间，彼此显然是处于相对的地位。看电影和看电视之间，意义是相对的；工作和休闲之间，自然也是如此。另一方面，每个选项的意义，也是相对于许多相关的条件。因为，抽象地看，事物本身的意义其实是被充填的。因此，看电影的意义，是由电影院、观众、电影本身、同伴等等因素所充填。同样的，工作的意义，是由工作本身、场所、同事、互动等所有大小细节所决定的。

下面的故事，就是以选举为例，描述相对的意义。

相对的好坏

前面的故事，是关于家里的厨房：因为附近有很多餐饮小吃，所以家里可以没有厨房；把厨房打掉，空间可以作为他用。

虽然表面上是描述厨房的问题，不过故事的重点其实是在阐明一种分析问题的方式：一般人想问题时，往往是针对某种做法（以 A 来代表）的利弊得失来考虑。可是，厨房的故事却隐含着，比较周全的方式不是只考虑这种做法（A），而是要以其他的做法（以 A_1 来代表）作为对照。

A—A_1的结构，可以说精致地反映出经济学的分析方式。完全竞争（A）比垄断（A_1）好，是因为竞争能减少浪费、提升效率；买西瓜（A）或是买香蕉（A_1），要看自己的偏好和两种水果的价格。因此，几乎所有经济学里的问题，都可以利用 A—A_1 的对照来分析处理。而且，A—A_1 的组合，正好又契合法学里“原告—被告”的结构。因此，近四十年来，经济学（家）大举进入法学领域分析法律问题，而且成果辉煌，可以说和 A—A_1 的分析方式有直接间接的关系。

有趣的是，A—A_1 的结构不只能分析经济问题、法律问题，显然也可以用来处理选举时候选人之间的对峙。A—A_1 所代表的，不就是“陈水扁—马英九”和“吴敦义—谢长廷”吗？（当然，如果加上 A_2 等等，就可以纳入其他的候选人。）不过，追根究底，这种 A—A_1 的分析方式，到底内涵为何？

首先，就像一道菜有色香味等不同的特性一样，每一件事有很多不同的面向；每一个候选人有许多不同的身份、经历、才能、特质等等。

其次，在诸多面向上，通常是有正有负、有好有坏；也就是，每一个选项（A 或 A_1）都是利弊掺杂的——有谁能选出一个候选人全是优点，没有任何瑕疵；或是全是缺点，没有半点优点？

再次，既然每一个候选人都是利弊掺杂，各有优劣；所以，最后的选择，必然是权衡利弊得失下的取舍。而且，一旦选 A，一方面得到 A 的诸多好处，但是也要承担 A 的诸多缺失；同时，选 A 而不选 A_1，固然不能享受到 A_1 的优点，但是也避免了 A_1 隐含的缺失。所以，选 A，有得有失；不选 A_1，有失但也有得。

最后，也是最重要的一点：对每一个人而言，A 和 A_1 所隐含的利弊得失并不相同；价值判断，总是主观的。选举投票，是以一种很特别的方式，把大家的主观偏好汇总在一起，然后分出当选和落选。不过，无论当选与否，都不表示有客观上的优劣，更和“真理”无关——如果赢的人手里握有真理，我们要怎么解释支持落选的人（不论是谁）的那几十万票？难道这些人都错了吗？事实上，在支持双方的阵营里，都有各行各业的杰出人士，也有千千万万个和你我一样明事达理的人。我们都是根据自己所认知的 A—A_1，在权衡取舍后投下自己的一票。

在更高的层次上，A—A_1 的结构不只可以用来考虑对候选人的取舍，更可以用来思索政治过程里的其他问题。在具体的政策上，固然可以这么考虑：发老人年金（A），或是不发（A_1）；盖核电站，或是不盖。在抽象的“游戏规则”上，更是值得这么仔细斟酌：要采用单一国会（A），还是要采用双国会制（A_1）；要五权宪法，还是要三权制衡。这一连串的问题，都不见得像“陈水扁——马英九”和“吴敦义——谢长廷”之间的选择那么容易，而这些问题也正突显了，要找到较好的答案并不容易——我们最好有一套好的思维模式，来因应我们所面对的各种大小问题。

诺贝尔经济学奖得主诺斯的专长是经济史；在研究了各个社

会的兴颓荣枯之后，他得到的启示是：长期来看，决定一个社会能不能繁荣富庶的，不是有没有英明的领袖或先进的科技；历史上的赢家，往往是在那个社会里大多数的人具有好的世界观。

诺斯所指好的世界观，约略是指好的思维模式、好的分析问题的方式！

由故事里，透露出两点值得深思的理念：首先，经济学者由研究经济活动（经济史），最后归结到思维方式上；这反映了智识探索上的曲折和趣味。其次，思维模式，指的就是面对各种现象和各种问题时，认知和思索的方式。经济学的思维模式平实简单，但是和直觉式、想当然耳式、风俗习惯式的思维模式相比，还是有相当的距离。

被动和主动

当眼前有两本书时，要选哪一本书，当然是比较“被动”的选择；因为，可以选择的对象，已经确定不变。

不过，即使在这种情形下，选择还是有某种“主动”的成分。因为，即使选项已经确定，如何认知眼前的各种选项，还是由个人来决定。因此，人可以由自己来决定，要如何认知眼前的事物，并且赋予何种意义。

下面的故事，就是进一步剖析经济分析的立场。

A—A_1——之一

早上在研究室看书时，接到一个电话，是政府某部门的一位主管打来的。放下电话，我饶有兴味地回想这段有趣的曲折。

几个月前，经建会举办了一个“金斧奖”的评审活动。目的是在政府各部门里，找出最能大刀阔“斧”求新求变的具体做法，加以表扬。这么做，是希望发挥示范效果，共同推动“政府再造”的工程。

因缘际会，我也受邀担任评审；于是，和另外两位专家一起，看了政府部门的四个参赛单位。其中之一在作简报时，非常自豪地表示，他们简化工作流程的做法已经广受肯定。不但得到“行政院长”的褒扬，还经常应邀到各单位去作示范。由简报数据来看，他们把跨部门的工作流程重新调整简化，确实令人耳目一新。

二十分钟简报完，由评审委员发问请教。轮到我的时候，我只问了一个简单的问题：为什么不把流程作×××的调整？负责的官员马上提出解释，说明困难所在。但是，说着说着，他也开始自问，为什么不作那样的调整？然后，经过大概十五分钟左右热烈的讨论，大家有了共识，而他们也有了新的目标。主管作结论时表示，原来以为只是一场例行的简报，没有想到会激发出新的想法；对于新设定的目标，一定会全力以赴。

他们很高兴，我也很高兴。简单估算一下，进一步调整工作流程之后，每年大概有三万民众受惠，每个人可以省下新台币一千元，总数就是三千万新台币；当然，这还不包括他们所付出的无形的心力时间，以及政府本身所省下的麻烦。

早上的电话，就是这个单位里的一位主管打来的；他邀请我参加他们的年度评审，评估一下本身所属各单位“简化工作流程”的绩效。似乎，他觉得我当初言之有物，也许能帮上一点小忙。

我觉得有趣。回想自己的经历：大学毕业当完兵就出国读书，回国后就在学校里教书，从来没有在社会上闯荡过江湖，而且研究的课题和教学的课目，都是以理论为主。可是，我在学校推广教育教的各级政府官员，似乎不觉得我是只知理论不知人间甘苦的书呆学究。甚至，我还一直强调抽象思考的重要：如果只知道自己的业务，娴熟各种相关的法令规章，当然可以对手边的事驾轻就熟。可是，如果明天换到一个性质完全不同的单位，是不是还能应付裕如、挥洒自如呢？

相形之下，我强调的“抽象思考”像是一把万能钥匙，能开启形形色色、五花八样的大门。譬如，今天是交通局的局长，处理的是交通部门里的问题。明天可能变成教育局长，处理的是完全不一样的事务。可是，抽象地看，无论是交通局或教育局，处理的其实都是资源运用的问题。如果有一套好的思维方式，就可以一以贯之地面对不同“样貌”的问题。然而，虽然样貌不一，本质上却都是价值的冲突、竞争、妥协、取舍。

事实上，我所主张的“思维方式”也非常简单。其中重要的一点，是“对照”和“衬托”的意义。无论是眼前具体的事物或脑海里抽象的概念，本身并没有必然明确的内涵；这些事物和概念的内涵，是被充填和决定的。通过和其他类似以及相关事物和概念的对照与衬托，才反映了这些事物和概念的意义。而且，经由对照和衬托，我们总是可以试着去探索潜在的、其他的、更好的可能性。我在那个政府部门会议里的意见，其实就是这个简单想法的运用而已！

以我的一招半式闯江湖，不知道能不能经得起考验；也许，时间可以让很多事情变得比较清晰……

这个故事透露出，A—A_1的结构，等于是把人所面临的问题（情境、选项等等）抽象化、图解化。然后，把自己的思维过程，像画连环图般地呈现出来；希望能明确、精致、有效地掌握每一个步骤，并且能归纳出有意义的结果。其实，除了“被动”地在眼前的选项之间取舍，经济分析还隐含了非常主动积极的意义。在目前的选项之外，还可以试着想出其他更好的替代方案；经济、政治、社会、文化、科技等等各个领域里的新产品和新发明，其实就反映了经济分析所隐含的主动创新精神。

下面的故事，是经济分析的理论和实务之间的联结。

A—A_1——之二

我自认为是一个拙于表达的人，不擅辞令、更不会讲笑话；因此，即使偶有演讲的邀约，我多半婉拒藏拙。不过，如果是“对话式”的演讲，我倒很乐于贡献一得之愚。

我会先提供一些自己写的短文，由邀请单位先印发给参加的人员（公立或私立单位的干部或主管）；然后，碰面时我和出席的人一起讨论文章的内涵。虽然这种做法有点后现代（颠覆既定的演讲模式），不过效果似乎很好。

几次“演讲”，我都是以“远庖厨之后”这个故事开始。文章里，我描述自己搬到学校宿舍后，因为发现附近有很多餐饮店，所以和内人商量把厨房改作其他用途。几乎没有例外，参加的人会发言指出各种理由，强调厨房的重要和不可缺。而我也总会带着兴味慢慢说明，我想表达的其实是一种分析问题的方式。

一般人在想事情时，往往是针对这件事斟酌利弊得失；可是，其实这是一种不太完整的思维方式。比较好的方式，是把这件事情（A）和类似的事情（A_1）放在一起。借着衬托比较，才能烘托出 A 的意义。

对于这种思维方式，我简称为 A—A_1 的分析架构。而且，时日一久，自己也对 A—A_1 不断有新的体会。

有一次应邀到台中的汉翔公司，和高级主管讨论经营理念。在台北机场候机时，我耐心看朋友送我的一本书：英特尔总裁葛洛夫（A. Grove）所写的《十倍速时代》（*Only the Paranoid Survive*）。看着看着，我突然眼睛一亮，差点笑出声来。

在中译本的第 43 页，作者谈到影响一个企业竞争力的因素。葛洛夫引述竞争力大师迈可尔·波特（M. Porter）的观点，把决定企业竞争力的因素分成五种。而且，他强调第五种竞争力最重要：对于任何一个企业而言，要经常思索，和目前的做法（产品）相比，有没有更好的“替代方式”！

一到汉翔公司，我就迫不及待地举着葛洛夫的书，和出席的高级主管们分享我的发现：我在远庖厨文章里所强调 A—A_1 的分析架构，正是葛洛夫所特别着重的，要以现况为基准，去思索更好的“替代措施”。因此，虽然我完全没有实务经验，但是由学理上得到的体会，却和竞争力大师以及世界顶尖企业领导人的心得无分轩轾。似乎，由理论上和实务上着手，会殊途同归地萃取出同样的智慧结晶！

我当然有点得意，也忍不住作了一些即席的发挥……

对于一般性的问题，$A—A_1$显然有相当的实用性。譬如，大学毕业之后到底是要工作还是继续求学、下午五点以后是要加班还是回家亲子活动、要吃路边摊还是要进餐厅吹冷气。生活里所面临的每一个问题，几乎都可以用$A—A_1$（和A_2、A_3等等）来分析。$A—A_1$的架构，具体而微地捕捉了人们所面对问题的性质。而且，$A—A_1$所反映的，是一种权衡和取舍。人们通常不是在找真理，而只是在众多可行的做法里，选择相较之下比较好的“利弊组合”而已。

不过，对于企业家而言，$A—A_1$的结构却有一层更深的涵义。当一般人面对工作或求学、买车或买房子的选择时，$A—A_1$都很明确具体。可是，对于企业家而言，替代方案A_1却往往是虚幻的、想象的。企业家把目前的做法（产品、流程）A当作基准点，然后根据市场里的主客观条件，试着琢磨出不一样的、更好的做法。一旦替代方案A_1被市场接受，企业家就能由这种“创造性的破坏”里，享受鲜美的果实。因此，对于企业家而言，需要发挥更大的想象力和创造力，去追求潜在的A_1！

其实，不仅企业家是如此，经济学者也是一样；我们总是以现有的理论A为基础，试着探究出更好的理论A_1。以小喻大，老师、民意代表、父母等等，在某种意义上是不是也都在试着找出

更好的 A_1……

这个故事提醒我们，其实每一个人都可以是求变求新求好的企业家。A—A_1的结构虽然简单，但是用处非常广。隔一段时间，每一个人都可以坐下来、静下来想一想；在自己目前的生活上、想法上，有没有可能重新组合，得到更好的替代方案？

我在推广教育班上教过的一位政府官员，负责一个大单位的公共事务。换言之，他的责任，就是负责使整个单位——一栋很大的大楼——能够正常运作。有一次，他将一份自己拟的简报给我看，问我的意见。我发现，他把简报分成好几个大项：机电部分、安全部分、餐饮部分等等，然后在各项下列出他的工作成果。

我想了一阵之后告诉他，他目前的安排技术性的成分太重，为什么不试着换一种方式。既然利用整栋大楼的有三种人：来政府办事的民众、各所属单位的工作同仁，以及各单位之间的协调联系人。如果把他所完成的事分别归入这三类，长官在听简报时，不是更能了解他的作为和意义？他欣然接受，而且听说新做法的效果还不错。

结语

从 1960 年起，经济学者开始进入法律、政治、社会等领域，以经济分析的工具，探讨传统上属于这些其他学科的问题，而且得到了极其丰硕的成果。

与之相反，法律、政治、社会等其他领域，却很少有相对的扩展。也许，经济分析能够长驱直入其他学科，确实是因为在分析方法上有些长处。在经济分析上，行为理论的发展已经有相当长的历史；相形之下，在分析方法上，却是受到较少的重视。以 $A—A_1$ 的架构，其实可以相当程度地反映经济学的分析方法。

很多学生在过年过节时寄卡片给我，而卡片上只有 $A—A_1$ 这个图样。我想，他们大概是从 $A—A_1$ 之中，得到了一些智识上和实用上的收获吧！

第十六章

站在巨人的肩膀上

我不是一个“言必称经济学”的经济学者。有一次参加聚会时，和坐在旁边的人闲聊。他问我在哪里高就，我说在学校教体育；他问我专长是什么，我回答：“体操！”他加了一句：“嗯，小众文化。”

在学校里，每个学期我除了教大学生和研究生，大概总会教一班推广教育的学员。无论课程名称和班别，在学期一开始，我也总是会提出课程的两大目标（有时会说是“两大保证”）；希望学期结束之后，每个人可以自己检验一下，是不是达到了这两个目标。

第一个目标，是试着培养抽象思考的能力；由经济学的角度，建构一套能分析社会现象的理论。第二个目标，就是试着站在巨人的肩膀上，享受辽阔的视野。我会特别说明，巨人是指思想上的巨人，也就是那些得到诺贝尔奖的经济学家。如果能体会并掌握他们思想的精髓，就可以以他们的思想为基础，享有高瞻远瞩、一览无遗的乐趣。

每到学期末，课程快结束时，总有许多学生学员告诉我：刚开始听到“抽象思考”时，觉得不可思议、无从感受。可是，到学期末时，却是悠游在经济学大师思想的园圃里，其乐无比。

这一章是本书的最后一章；一方面是总结，一方面也尝试作一些引申。首先，是以金字塔来比拟一个学科的结构。然后，是解释经济学这座金字塔的结构。接着，是探索经济学金字塔的最顶尖。最后，则是点明经济分析所得到的智慧，以及运用经济分析的乐趣和兴味。

每年公布诺贝尔经济学奖得主时，总有一些免不了的议论：谁太早得奖、谁早该得奖等等。而且，在几十位经济学奖得主之间，也有高下轻重之分。不过，能得到经济学的桂冠，一定是对经济学有重大的贡献，影响并启发了后续的发展。

尤其是在众多的诺贝尔奖得主里，有少数比较特别的几位，他们的理论不仅有开创性的贡献，而且也丰富了经济学最核心的部分。经过这些大师们的挥洒，深奥的经济理论变得生动平实，并且充满了智识上的趣味。如果能领略这些大师们学说的内涵，那么，一方面可以掌握经济学的核心，一方面也具备了在抽象思考上益智辩论的才识。

下面的故事，就是反映出智识活动的性质和所隐含的趣味。

科学之钥和心中之尺

曾经有人把老师分为四级。第一级的老师能“告知”：告诉学生 A 是 A、B 是 B；第二级的老师比较好，能“解释”：解释给学生听，为什么 A 是 A、B 是 B；第三级的老师更好，能“示范”：除了言教，还可以亲身示范给学生看；第四级是大师，除了告知、解释、示范，他还能“启发”！

忝为老师之一，我觉得自己大概是介于“解释”和“示范”之间；差强人意，但显然还有成长的空间。不过，告知、解释、示范和启发的划分当然不只适用于老师；每一个人都可以自问：对于部属、同事、朋友，乃至于子女，自己能做到这四级中的哪一级？另外一点，这四级多少有些循序渐进的层次，不能挂一漏万。因此，虽然有些演说家、小说家、心灵改革家、布道家、居士，能以动人的言词或文字触动众人的心弦；可是，如果没有示范、解释、告知，那么即使有启发，也将只是情绪上一时的起伏，只会是过眼烟云的表象而已！

几年前，我搬进学校的宿舍，住在公寓的五楼；只知道对面住的是一位电机系的李老师。偶尔碰面，点头问好，过年过节，彼此也有粽子水果之类的往还，但也仅只于此。后来不知什么原因，我们互赠彼此的著作，然后一连串有趣的事就渐次出现……

首先，自然而然的问题：一个经济学者的著作，电机系的教授会有兴趣看吗？同样的，一个电机系教授关于发明原理的大作，会对经济学者有意义吗？

我把书送给李老师后没多久，他就告诉我：书写得很好，他已经把我的书介绍给他的学生；而且，他觉得我在分析问题时，思考的角度和他书里的某些原则是相通的！当我看李老师的书时，也有同感。更有趣的，是当我们谈起学生（听众）们对课程的反应时，竟然发现几乎是一样的：学生告诉他，上了他的课才知道什么是“独立思考判断”；学生也告诉我同样的感觉。有一位大公司的高级主管在听他演讲时潸然泪下，事后告诉李老师：如果能早几年听到他的演讲该有多好！我在推广教育教的学生没有掉眼泪，不过也告诉我同样的感觉。

为什么呢？是什么因素使自然科学和社会科学对人产生这样的冲击？这两种看来截然不同的科学又有什么共同点呢？

经过一段时间的琢磨，我有一些心得：不论是在自然科学还是在社会科学里，每一个学科就像一座小的金字塔。政治学是一座金字塔，经济学也是；物理学是一座金字塔，数学也是。每一座金字塔的最底层，是这个学科里各式各样的问题；底层之上，是分析处理这些问题的主要理论；在各种理论之上，是更抽象的理论；而每一座金字塔的最顶尖，就是最重要、最能反映这个学科精神、也最能贯穿整个学科的核心观念。

对不同的学科而言，核心观念可能不一样。不过，既然所有的科学都是由人来摸索探究，人还是最后的主体；而人在思维斟酌的极致，还是（或只不过是）一个“观念”。并且，在“观念”的层次上，可能各个学科是相通的——可以由一个金字塔跳到其他金字塔上。因此，好的老师不但能掌握自己学科这座金字塔顶尖的核心观念，而且还可以像导游一样，带领学生在自己的金字塔里从容遨游；甚至，还可以指引学生如何由自己的金字塔过渡到别的金字塔，享受知识殿堂里的盛宴——李老师显然就是这么一位老师！

当然，就自然科学和社会科学而言，可以看成是由许多小的金字塔组成的两座大金字塔。自然科学所探讨的是自然现象里的规律性（因果关系），而社会科学所探讨的是人文现象里的规律性。人文现象是由“人”的各种行为所呈现，而自然现象是由“物”的各种行为所呈现。既然人的行为是受到各种价值所影响，所以社会科学这种金字塔的结构是由价值体系（心中之尺）所支配；相形之下，“物”的行为是受到各种物理化学等等的法则所影响，所以自然科学这座金字塔的结构是由自然定律所支配。如果阐释得宜，当然可以由自然科学这座金字塔的顶尖，跳到社会科学这座金字塔上；反之，亦然。不过，一旦进入不同的领域，属于这个领域特有的材料，还是需要有好的老师来告知、解释、示范和启发。

因此，我们又回到老师的身上。听李老师演讲是一个很特殊的经验；李老师所剪裁的材料生动有趣，鹤发童颜的李老师吸引住每一个人的眼光和精神。随着一张张幻灯片的起起落落和李老师认真投入的解说，告知、解释、示范、启发的感受逐一浮现。当李老师换上最后一张幻灯片时，银幕上出现的是一个斗大的字；让人意外、惊奇、回味无穷，并且深深感佩于李老师的人文胸怀。

表面上看，李老师的书是尝试阐释“发明创造”这座小金字塔的顶尖；可是，事实上这些内容是一把科学之钥，能开启很多很多、大大小小的金字塔。因此，这是智慧的结晶，值得慢慢地咀嚼、琢磨。慢慢地读、慢慢地想、慢慢地运用、慢慢地试着让书中的观念成为自己的一部分，成为自己安身立命的依据……

在李老师的最后一张幻灯片上，是一个大大的“德”字；我初看时觉得十分惊讶，后来觉得有趣，最后则是觉得意味深长。

李茂辉教授的书名，是《跨越发明的门槛、增进创意的秘诀》，由台北的松岗出版社发行，而且已经再版了好几次。

经济学的金字塔

就经济学的金字塔而言，底层是个别的研究课题，中层是各种理论，而最顶尖则是核心的分析概念。两百多年来，在无数经济学者投入心血之下，这个金字塔不但愈来愈稳固扎实，而且随着内容愈益丰盛，体积自然不断地向外膨胀。

不过，整个金字塔的精神，却一直是历久弥新的：经济学（者）相信，对于人的行为和社会现象，我们可以以一种旁观者的心情和身份，试着作合情合理、前后一贯的描述和分析。

下面的故事，就是对这种精神的描绘。

一以贯之的道

有机会在学校附设的推广教育上课，教各级政府的一些中高级行政人员。学员们多半在三十五岁到五十岁之间，都已经有相当的阅历，在上课讨论时也多能以实务经验侃侃而谈。

我教的是经济学，希望能提供学员们一种和他们所习惯的不太一样的世界观。因为学员们比大学生和研究生成熟得多，所以我觉得教起来很轻松。不过，与大学生和研究生相比，这些学员们最大的问题，就是他们好像已经有一些成形的观念……

最常有的，是一种可以称之为“章回小说式”的世界观：虽然迈入21世纪；不过，我们身处的世界基本上还是像过去《三国演义》、《水浒传》、《七侠五义》、《四郎真平》等等这些章回小说和漫画里所描述的一样。胜者为王、败者为寇；天下大势合久必分、分久必合；帝王之业就在于纵横捭阖、统率群伦……

抱持着章回小说式世界观的人往往很讲义气，也重道德。朋友有难，义无反顾；忠孝之家，必有余庆。不过，社会上大部分人都不是帝王将相，平常生活里也不是常有群雄并起、捷足先登者得之的局面。而且，一旦追问为什么要“讲义气”？为什么要重“道德”？章回小说式的世界观好像就有点捉襟见肘，不知道该怎么应对。

另一种也很常见的是“义和团式”的世界观。这种世界观有好几种层次，最粗糙的是直觉式的排外：西方文明重物质，中国（或东方）文明重精神；物质为末，精神为主；所以应该以中华五千年文化精髓为本，以抵御（或制伏）西方文明的浪潮。比较精致的是一种反省式的观点：过去中国社会的地位是“士农工商”，商居最末是有道理的。今天西方资本主义社会贫富差距悬殊、环境资源受到破坏、年轻人纵情享乐等等，都是强调资本主义的后果。我们毋须唯西方马首是瞻，而应该思索适合我们自己的道路。

不论粗糙或精致，义和团式的世界观基本上排斥源于西方的一切，包括科技、市场经济、西方所发展出的社会科学（还有英文教科书)。不过，我常请教有义和团倾向的人：人类历史上典章制度发展得最深厚、一般社会大众享有最多的经济和政治自由的，往往就是以资本主义市场经济为主的国家。今天台湾民众的政治权利愈来愈完整，是因为我们已经累积了足够的物质基础，可以在享有经济上温饱富足之外，进一步争取政治上的权利；还是纯粹是“民主斗士”的贡献？我通常看到一些不服气、但又讲不出道理来反驳我的脸庞。

比较没有草莽气、也比较不排外的是一种“蜻蜓点水式”的世界观：人生所面对的人、事、物太多太杂，所以只好以一些由经验里提炼出的生活智慧来认知和应对。在家里当然还是父慈子孝兄友弟恭，但是在工作环境里，（如果需要）也可以以玛丽、约翰来彼此称兄道妹。还有，不一定要“以德报德、以直报怨”、“人不知而不愠”；在这个人吃人、人咬狗的世界里，为了提高(或保持）自己的竞争力，不妨采取“以牙还牙”、“自我推销”的策略……

对于生活里的各个环节和人生际遇中的各种情况，蜻蜓点水式的世界观都有点点滴滴、自我一格的智慧来因应。不过，这些小智能只是片断琐碎的“点”，而不是彼此联结、互相呼应的“网”；在这些个别点的背后，也没有一个更根本的道理一以贯之。

和这些不同的世界观相比，我在课堂上所反复铺陈的观念其实很简单：我们所看到的任何社会现象都不是凭空出现，而是有意义的。因此，值得试着去了解形成这些现象背后的原因是什么。而且，人的基本特性就是“自利”和“理性”：人是能思索、会思索的一种生物，人会试着去追求自己的福祉。根据这种对人的特性所具有的认知，再琢磨推敲一下环境里存在的一些条件，往往很容易就能解释我们所观察到的现象。所以，从人是理性和自利的这两个简单平实的概念出发，我们可以一以贯之地认知、了解、掌握和分析我们所面对的这个世界。

当然，人是理性和自利的这种观点很不见容于推广教育的学员们，每一班我都要花相当多的心力、口舌、时间去说服。不过，经过一个半月左右的排斥和挣扎之后，学员们似乎就开始慢慢地受到影响。有很多学员告诉我，自从上了这门课以后，视野变得比以前更为宽广，自己签公文时都感觉得出来这种转变。有的学员说，自己觉得比以前成熟，连办公室里的同事都觉察出一些转变。

我听了当然很欣慰（和得意）。不过，我自己却偶尔会怀疑：现在我对于自己的观点有相当的信心；可是，五年或十年之后，我是不是还维持着同样的世界观……

这个故事，提醒我们两点：首先，每一个人都可以自问，自己所凭借的思维方式是什么？有没有改善调整的空间。其次，在社会科学里，从 1960 年起，经济学者开始向政治、法律、社会等领域扩展，而且成果辉煌。主要的原因，就是经济学的分析架构简单平实，以人的行为特质作为理论的出发点。既然人在生活的各个面向上（领域里）都是自求多福，经济学的分析角度当然就享有一以贯之的优势和乐趣了。

金字塔的顶尖

在经济学里，如果要提出一个最重要、最核心、也最足以反映经济学精髓的分析概念，很多经济学者都会回答“成本”这两个字。确实如此；成本这个概念不仅是金钱货币上的成本，而且可以是良知道德等其他价值上的成本。

事实上，在人的任何一个取舍选择里，都含有成本的概念；选了其中之一，被放弃没选的就是（机会）成本。不过，往深探一层，人们所以会有选择取舍，就是因为所面对的选项之间有差别。如果眼前是两本一式一样的书，选择并没有太大的意义；如果工作和休闲没有差别，就没有区分的必要。依此类推，对有些人而言，生和死其实也差别不大——也就是“生不如死”的状态！

因此，选择和成本背后，其实还有“相对”这个更根本的概念；如果选项之间“相对”没有差别，就不会有成本的问题，选择（和其他行为）也就失去意义了。

下面这个故事，就是处理“相对”这个抽象的概念。

分别心

我在家里的地位不高，可以说是有以致之。

内人的专长是文学戏剧，对人性充满了体谅悲悯的情怀；我的专长是经济学，对人性总是带着一种赤裸裸的调侃。她教的文学作品强调特殊性，每一个人都是完整而且特别的个体；我教的经济学是社会科学，着重人类行为里的共通性和规律性。当然，这只是学科之间的差别，和我的地位没有直接的关联。影响我地位的，主要是我的奇谈怪论。

有个晚上，我又洋洋自得地告诉她在课堂上的一段：谈到人性自利时，我旁征博引：买水果时有谁是“利他”的拣最不好的买？捐钱给慈善团体时，是不是自觉头顶上有一个小光环……最后，我忍不住有点语不惊人不罢休地看着学生们说：各位有没有想过，在星云大师和证严法师这两位大德之间，他们在脑海里是不是曾经出现过这个念头——希望自己是台湾最得道的高僧，而不是另外那位？

就像在课堂上学生们的反应一样，内人扑哧笑出声来。不过，她马上加了一句：难怪人家说你佛性愈来愈少，这真是造孽；而且，即使两位大师心里真的闪过一较长短的念头，他们的境界和一般人相去何止万里？

我不愿意再发谬论，免得自讨没趣，进一步影响自己的地位，所以就噤声不语。不过，听她这么一讲，我可是在脑海里激起一连串的思维……

与一般人汲汲营营于自己的事业、家小和自己的喜怒哀乐相比，那些付出心力时间金钱来造桥铺路行善的人，当然非常令人敬佩。而除了自己的操持，还致力于宣扬佛教以教义渡化众人的传道者，自然更是功德无量。能够统率群伦、自成体系、进而把教义发扬光大的大师，福德更不可胜数。

相形之下，一般人的自私自利，是在言行举止上区分出“自己”和“别人”。而且，在绝大部分的情形下，照顾自己的利益要优先于照顾其他人的利益。一个社会能正常运转，事实上要靠大多数人自私自利；否则，如果每个人都为别人的事和别人的家小着想，很难想象这种社会如何运转。因此，绝大多数的人在绝大多数的时候是自私自利的，正为自私自利的存在提供了非常充分的理由。

和一般人的思维相比，佛教里宣扬的是另外一种世界观。因为生老病死的无常，喜怒哀乐不过是过眼烟云；因此，比较好的方式，是参透世事人情的相对性，而毋须在情绪上有任何起伏。若能不受眼前表象的牵绊，就可以在情绪起伏上“归零”——心如止水，波纹不兴。

对于生活里充满了苦厄困顿、要经常面对生离死别的人来说，心情归零确实是一种好做法，能使各种苦难变得不再是那么严重，也就是比较容易忍受。即使心情不能完全归零，但是默念几句佛号，也可以帮助自己面对眼前的苦难。佛教能抚慰千千万万个受创人的心灵，真是有以致之。

可是，“归零”的做法也会有时而穷。既然佛教的教义有益人心，值得发扬光大；因此，总要通过适当的方式和合宜的人，去宣扬教义。这么一来，组织和人事当然不可少。可是，由谁来发号施令呢？谁站在第一线、谁又负责后勤支援呢？显然，必须要有一套做法可以分出能力高低和才情多少。要分出高下，自然不再是“归零”，而是要有分别心！因此，虽然在智识的层次上，佛教的教义非常高妙精致；不过，这毕竟是人所发展出来的思维，所以还是不能挣脱人的因素。

相对于内人的清明高雅，我一向自觉混浊无比；不过，如果我和她一样脱俗无尘，恐怕相处起来很难各行其是、各得其所吧！

追根究底，行为的基础是先有认知，才会有判断和取舍。“认知”，几乎必然隐含差别；否则，如果没有差别、一切如一，也就不需要判断思索和取舍了。当然，这个故事也隐含着，即使人们不太容易（或不太可能）达到佛教最高的境界、完全抹去分别心；但是，在相当的程度上，还是可以有意识地调整自己的认知。事物之间的相对高下和差别，并不是客观存在的，而是由自己主观所决定的。因此，差别的多少和高下的程度，还是由自己来取舍。

经济学的智慧

无论是经济学的精神还是核心观念，当然必须能实际操作；如果不能运用到具体的问题上，以分析人的行为和社会现象，那么再精致的理论，也只不过是象牙塔里的益智游戏而已！

下面的故事，就是把抽象的理论先分解，再转换成可以操作运用的技巧。

经济学无用论?

自从十多年前回母系开始教书以来，我除了教大学生和研究生，也教了许多学校推广教育学员的班次。

推广教育的学员，都是来自各级政府的民意代表和中高级行政主管。虽然背景五花八门，可是经过一学期四个半月对经济学的浸淫——这是我的形容，他们可能会以强迫推销、洗脑之类的字眼描述——往往有皆大欢喜、美不胜收的成果。

因为学员们的背景不同，所以我不可能以数学模型、图表公式这些作为教学的材料；我必须以他们所熟悉的名词、所亲身经历的社会现象为基础，再与经济学的智慧相结合。经过多年的考验，我慢慢归纳出经济学的四点重要结论：

第一，人是理性、自利的；

第二，存在不一定合理，但是存在一定有原因；

第三，好的价值要出现，是有条件的；

第四，一件事物的意义，是由其他事物衬托而出。

虽然这四点望之无甚高论，却都寓有深意，值得一再沉吟……

首先，追根究底，社会现象是由人的行为所组成；因此，要掌握社会的脉动、了解社会现象背后的因果关系，一定要先摸清楚人的行为特质。对于经济学者而言，经过长时间的观察分析，体会到人的两大特质：一方面，人是会思索判断的生物；另一方面，人总是希望能增添自己（自己的家人朋友等等）的福祉。所以，人是理性而自利的。

其次，虽然每个人的行为都是基于理性和自利，可是许多个个人的行为汇总之后，却不一定会有合情合理的结果。譬如，每个人都希望垃圾场不要设在自家后院，人人如此，结果垃圾场无处可去。或者，为了希望自己升迁或当选，所以可能会不计手段拉下同事朋友。社会现象的出现，都有背后支持的条件——存在不一定合理，但是存在一定有原因！

再次，每个人都希望有好的家庭、好的居住环境，在事业上有好的发展，而且活在好的国家社会之中。可是，好的家庭，不是凭空出现，而必须有相关条件的支持——父母子女的互动，经济和非经济因素的配合等等。小的价值，尚且如此；大的价值，需要更困难的条件来支持。因此，好价值的出现，是有条件的。

最后，一般人由生活经验里，都体会到某些理所当然的原则；譬如，孝顺父母、尊敬师长、努力工作、照顾家庭等等。可是，这些原则会出现，其实都是相对于环境里的条件；当环境的条件改变之后，自己原先所认定的原则自然会随之而变化。（譬如，原先是孝顺父母，等自己有儿女之后，是先孝顺子女再孝顺父母！）因此，事物的意义，是相对于环境里的各种主客观条件，是相对的而不是绝对的。

推广教育的学员们一再告诉我，这“四大定理”威力无穷；对于他们在工作上和家庭里所面对的问题，几乎都有一以贯之的奥妙。能有这种成果，我当然很高兴。不过，在四大定理之外，我知道其实还有一些值得继续探索的曲折。

抽象地看，对于人的行为和社会现象，经济学者像是事不关己的旁观者；由冷眼观察里，归纳出一些几乎是放之四海而皆准的因果关系。四大定理，可以说就是其中（我认为）非常精致有趣的部分。然而，经济学者所归纳出的慧见，虽然可以相当程度地解释社会现象“是什么”和“为什么”，但是并不处理“该如何”的问题。

换一种说法，经济学可以分析诸多价值之间的冲突（环保和经济发展、事业成就和亲子关系等等），可是往往不指明到底哪一种价值比较好。在这种意义上，经济学者是社会现象的旁观者、而不是参与者，是人类行为的剖析者、而不是指引者；可以根据材料而整理出许多后见之明，但是所提出的见解却不是指引未来的先见之明。

相形之下，《小即是美》（*Small is beautiful*）这本书，却是试着跨出经济学者所不能或不愿的那一步。在书里，作者明确指出他认为好的价值，并且论述这种价值的可贵之处。对于生活在资本主义市场经济里的许多人来说，整日在金钱游戏和功名利禄里打转，心已为形役；这本书返璞归真、走向自然的要求，当然是一个清明有趣的参考坐标。

也许，当经济学（者）累积更多的智慧之后，可以在“四大定理”之外，再揭示一二指引方向的明灯吧?!

当然，《小即是美》这本书所提出的观点虽然有趣，我却觉得没有太大的说服力；坊间有太多类似的书籍，都在尝试指引人生。这些论述都各自阐扬某种特定的价值，但是往往没有为这种价值作充分而完整的说明——在哪些条件下，这些价值才可能被环境中的条件所支持?

虽然我知道经济学的内涵非常有趣，在学理上也累积了极其可观的智慧；但是，我并不是一个“言必称经济学”的经济学者。

不过，既然我是经济学者，而不是政治学者或心理学者，我当然是站在经济学的立场，尽可能地由这个学科的角度来探讨和分析各种问题。由其他角度所作的分析，是其他学科学者的责任，而不是经济学者如我者的责任。

下面的故事，就反映了经济思维对人的影响。

我是体育老师

有一次参加聚会，和坐在旁边的人闲聊。他问我在哪里高就，我说在学校教体育；他问我专长是什么，我回答：“体操!”他加了一句：“嗯，小众文化。”我点点头，不再作声。如果他再追问，我会解释，其实我教的是“头脑体操”；不过，确实是小众文化。

一般人对经济学的印象，大概脱不了关于商品劳务、货币所得、图表公式等等。可是，在浸淫经济学多年之后，我能清楚地体会到，经济学其实隐含一种非常特别的思维方式：既然各种社会现象都是由人的行为所组成，所以值得先厘清人的行为特质；而后，以此作为基础，可以试着分析经济、政治、社会、法律等各个领域里的问题。我所反复铺陈的，就是历来经济学者所归纳出的智慧结晶——以经济学的角度，一以贯之地分析各种社会现象。上个学期，我因缘际会地教了很特殊的一班，学员都是警政署里的高级警官。能在警政署里服务，当然都有几把刷子。而且，这些位居要津的高级警官，每一位都是资历显赫、叱咤风云、三头六臂的人物。

当经济学碰上高级警官，结果如何？答案是：很有趣！

有一次上课，介绍完探讨社会现象的几种分析技巧后，我问：一旦发生刑案，我们看到的是事后的现象；如果要重建刑案发生当时的情景，最好采取哪一种分析技巧。我刚讲完，大伙儿还在思索，一位副署长不假思索地答道：要用主要球员分析法！既然正确答案已出，我就请另一位学员完成推论：社会现象的发生，都有支持的条件；因此，看到一个社会现象，就值得逆推回去，找出支持这种社会现象的几个主要条件（主要球员）。

同样的，当刑案发生后，从现场的血迹分布、伤口位置、家具摆设、门窗状态等等，可以逆推回去，希望能够归纳出，造成这种现场状况的几个主要因素；然后，再按图索骥，去找符合这些因素的嫌疑犯。

他讲完之后，我很高兴，副署长们很高兴，大家都很高兴。一方面，不但经济学能和警察所面对的问题联结；另一方面，警官们对自己长官明快正确的判断，心悦诚服！

另一次上课，谈到经济学的需求法则——价格和数量呈反方向变动——我以歧视为例：当歧视的价格愈高时，人们就会少买点歧视。有位学员质疑，歧视和价格有什么关系？

我开始解释：歧视，就是一个人在偏好上画地自限；譬如，我只能抽三五牌洋烟。可是，如果我调职到穷乡僻壤，买不到洋烟。这时候，我要维持原来只抽三五牌的“歧视”，显然愈来愈困难（价格/成本愈来愈高）；因此，或者我会少抽点烟，或者我会退而求其次地抽其他厂牌的烟。

讲到这里，我突然福至心灵的脑中一闪，就顺口而出：在军队和监狱里，同性恋的比例很高；这种现象，也可以用价量的反向关系来解释。在正常社会里，大多数人只对异性有兴趣，这也是一种“歧视”。在监狱和军队里，因为只有同性，要维持原来的偏好不太容易；因此，有些人就放弃歧视，退而求其次地转向同性！

讲完之后，我很高兴，大家也很高兴。经济学的智慧结晶，又再次得到印证，而且是在令人惊讶和不可思议的事例上。

课程结束后，每位高级警官交了一份心得。许多人表示，这趟智识之旅，让他们对经济学惊艳，也对他们的思维方式造成很大的冲击和震撼。在报告里，有一位高级警官画龙点睛地这么破题：“课前我用经验习惯面对环境，课后我以理论智慧感知一切！”

棒哉斯言！能有这种成果，我觉得自己是一位还算不错的体育老师。

故事里结尾那两句话，真是晶莹剔透。写的人告诉我，那是他想了两天才想出来的。我很喜欢那两句话，到处逢人便讲！

当然，对我来说，有机会和社会经验极其丰富的优秀警官“过招”，我也觉得很幸运。我曾多次表示，一个老师可能要修很久的福德，才有机会教到这么特别的一班。

结语

在经济学里，既然有二三十位得到诺贝尔奖的巨人，到底要向哪位或哪几位巨人顶礼膜拜，然后开始向他的肩膀攀爬呢？

我的体会是，可以由任何一位巨人开始，边读边思考他的作品。等读熟了之后，再从另一位巨人开始。接触过两三位之后会慢慢发现，自己好像是由不同的面向攀爬，但是爬的是同一座金字塔，殊途而同归。一旦到达到顶峰，都同样有美景尽收眼底的情怀！

当然，在（人文）社会科学里，还有社会学、政治学、法学，乃至人类学、史学等一座座不同的金字塔。攀登任何一座金字塔，相信在智识上也都有同样的挑战和兴味。

东方知行社 · 书目

熊秉元:《解释的工具:生活中的经济学原理》
熊秉元:《优雅的理性:用经济学的眼光看世界》
熊秉元:《正义的成本:当法律遇上经济学》

郎咸平:《"新政"能否改变中国》
郎咸平:《公司治理 :郎咸平学术文集》(增补版)
郎咸平:《让人头疼的热点》
郎咸平:《中国经济到了最危险的边缘》

[日]稻盛和夫:《人的本质》
[日]稻盛和夫:《德与正义》
[日]稻盛和夫:《领导者的资质》
[日]稻盛和夫:《利他》
[日]稻盛和夫:《向哲学回归》
[日]稻盛和夫:《话说新哲学》

傅佩荣:《柏拉图哲学》
傅佩荣:《荒谬之外:加缪思想研究》
傅佩荣:《朱熹错了:评朱注四书》
傅佩荣:《孔子辞典》

凤凰财经:《新政如何改变生活》
凤凰财经:《改革是最大政策》
文贯中:《吾民无地》
贺雪峰:《城市化的中国道路》
贺雪峰:《回乡记》
高连奎:《一个经济学家的醒悟》

刘军宁:《天堂茶话》
刘军宁:《保守主义》
徐迅:《陈寅恪与柳如是》
王小妮:《1966年》
高昱:《人民需要放鞭炮》

……

策 划 人：吴玉萍
责任策划：黄晓玉　李治华
产品经理：张军平
责任编辑：黄晓玉　张军平
责任审读：刘淑芹
统　　筹：吴玉萍
封面设计：谷　田
责任营销：高玉梅　010-65210049
投稿信箱：dfyxpress@126.com

东方知行社
知一半，行一半；
看一书，走一程。

为思想寻找市场，为您提供有价值的阅读

东方知行社豆瓣小站：东方知行社（http://site.douban.com/224251/）
东方知行社微博：东方知行（http://weibo.com/rmdfcbs）
东方知行社公共微信平台：东方知行社

6